はじめに

　仕事の速い人というのが職場には必ずいます。
　そういう教師は，退勤時刻にピタッと合わせて，職員室を出ていきます。
　スマートで，実にカッコよく見えます。
　早く帰るからといって，その人が家に仕事を持ち帰っているようには見えません。
　また，朝極端に早く出勤しているようでもありません。
　鮮やかだなあと思います。
　そうした教師の仕事の仕方に，とてもあこがれた時期が，私にはありました。
　また，そうした教師の仕事ぶりを真似したこともありました。
　ほぼ同じ仕事を，同じペースで進めていくのです。
　たしかに，仕事を早く進めることができ，ほぼ退勤時刻には，その日の仕事を終えることができました。
　また，その時身につけた仕事の仕方のいくつかは，私の中にまだ残っています。
　しかし，私はあるとき，ふと疑問に感じたのです。
　それは，ある出来事がきっかけでした。
　当時の勤務校には，自他ともに認める仕事の速い教師がいました。

彼の仕事ぶりは鮮やかとしか言いようがなく，退勤時刻を30分超えて学校に残っているということはありませんでした。
　ある時です。
　彼と同じ学年を組んでいた若い女性教諭のところに，激しいクレームの電話がありました。
　受話器を置いた後の彼女の様子は，普通ではありませんでした。
　顔面蒼白，表情は曇り，目はうるんでいました。
　同学年の先輩女性教師が，その話をゆっくりと丁寧に聞いていました。
　その横を，件の「仕事が速い教師」は，「お先に失礼しまあす！」と平然と帰って行ったのです。
　私は，唖然としました。
　また，周囲の教師たちも，「同学年なのに，あれはなに！？」と怒りを露わにしていました。
　もちろん，たまたまその日早く帰らなければならない事情があったのかもしれません。
　しかし，そうしたことはその後何度も起こりました。
　たいへん仕事のできる教師ではありましたが，彼が周囲の信頼を得ることは，ついにありませんでした。
　彼に足りなかったのは，何だったのでしょうか。
　それは，ずばり「豊かな仕事観」です。
　たしかに，彼は「豊かな仕事術」を持っていたに違いありません。
　しかし，彼には「豊かな仕事観」がなかったのです。
　彼は，「そもそも仕事とは何のためにするのか」ということを，意識することはなかったのでしょう。
　仕事は，ただ早く終わればいい。
　それが楽だし，そうして得られた職場以外の場所での時間を，豊かにできると考えていたのでしょう。

はじめに

　また，なによりそれが豊かな人生なのだと信じていたことでしょう。

　もちろん，そうした生き方もあることを私は否定しません。

　しかし，私たちは教師です。

　教室では，「困っている人がいたら，心から心配して声をかけてあげよう」と教える者です。

　教師の生き方としては，それは間違っているのです。

　「働く」とは，「傍（はた）」を「楽」にするが語源だという説があります。

　「チーム学校」ということが言われる昨今，自分を楽にするだけの仕事術は，好ましいものとは思えません。

　もちろん，若い教師ならそれもよいでしょう。

　しかし，30代も中盤を迎える頃，仕事観の転換が必要になります。

　早く仕事を終えたら，それでできた時間を他者のために使う。

　とりわけ子どもたちのために使う時間にしてみましょう。

　世に「仕事術」の本は，数多あります。

　その中で，本書が新たに主張するところは，「豊かな仕事観」のもとにある「教師の仕事術」であるという点です。

　本書が，読者の仕事の質を高め，周囲の教師や子どもを幸せにすることを，心から望んでいます。

　そして，なによりそう生きることが教師としての幸せな生き方なのだと信じる教師の手に，本書が届くことを願っています。

　　平成28年初夏

著者記す

目　次

はじめに ・・・・・・・・・・・・・・・・・・・・・・・・・・・ 1

第1章　教師の時管術

1	ちょっとした時間も無駄にしない方法 ・・・・・・ 10
2	朝の動きが一日を決める① 　朝起きてから家を出るまで ・・・・・・・・・ 12
3	朝の動きが一日を決める② 　朝することを決めておく（教室に入ってから）・・・・ 14
4	「もしも」を考えて仕事をする 　忘れ物，紛失の対応に時間をロスしない ・・・・・・・ 16
5	見通しを持って仕事をする 　「年間」「月間」「週間」で予定を管理 ・・・・・・・・・ 18
6	週末の過ごし方が，能率を上げる 　金曜日は定時退勤 ・・・・・・・・・・・・・・・ 20
7	プライベートタイムが仕事を変える 　趣味は仕事に生きる ・・・・・・・・・・・・・・ 22
8	学年全体でかかる時間を意識する 　教材・教具はシェアする ・・・・・・・・・・・・・ 24
9	終了時刻を決める 　一仕事当たりの使用時間をあらかじめ決める ・・・ 26

Column　かわいい付箋で注意喚起 ・・・・・・・・・・・・ 28

目 次

第2章　教師の即断術

1　3秒以上悩まない ・・・・・・・・・・・・・・・ 30
2　その場主義で仕事をする ・・・・・・・・・・・・ 32
3　学校改善は手帳の決めたページに書く ・・・・・ 34
4　60点満点主義で仕事をする ・・・・・・・・・・ 36
5　頭にアイディアを捕まえる網を張る ・・・・・・・ 38
6　教師じゃない人の教育論を聞いてみる ・・・・・ 40
7　10年後のその子を思って指導する ・・・・・・・ 42
8　迷った時の指針を決めておく ・・・・・・・・・・ 44
9　よいアイディアが浮かぶ条件を再現する ・・・・ 46
10　月に教育書を3冊，
　　教育雑誌を3冊購読する ・・・・・・・・・・・ 48

Column　付箋を使って学習支援 ・・・・・・・・・・・・ 50

第3章　教師の環境術

1　捨てるシステム，残すシステムをつくる ・・・・ 52
2　仕事がはかどるワザは「学校外」にある！ ・・・・ 54
3　教室9割，職員室1割で仕事をする ・・・・・・・ 56
4　整然とした教室環境づくりで，
　　子どもの心を読み取る ・・・・・・・・・・・・・ 58
5　朝は，着手までのアクセス時間を短くする ・・・・ 60

| 6 | 機能的な教室環境は指導力に比例する ・・・・・ | 62 |

Column　授業を「秒単位」でマネジメント ・・・・・・・・ 64

第4章　教師の人間力向上術

1	信頼につながるキーワードは 「数字を言うこと」・・・・・・・・・・・・・・・・・	66
2	苦手な人にこそ相談する ・・・・・・・・・・・・・・・	68
3	周囲に甘える ・・・・・・・・・・・・・・・・・・・・・	70
4	印象が変わる対応の仕方 ・・・・・・・・・・・・・	72
5	基本的なことこそ，信頼を勝ち取る秘訣 ・・・・	74
6	難しいことは， 行動で示すことで相手に伝える ・・・・・・・・・	76
7	クレーム対応では， 保護者の目的・真意を探る ・・・・・・・・・・・・・	78
8	教師以外の人とのつながりを持ち， 視野を広げる ・・・・・・・・・・・・・・・・・・・・・・	80
9	考え方を変えると人間関係もうまくいく！ ・・・	82

Column　一つもよいことがない「ぐるぐるタイム」・・・・・ 84

第5章　教師の道具術

| 1 | 文具は，使い方の工夫で真価を発揮する ・・・・ | 86 |
| 2 | 本代（自己投資）を惜しまない ・・・・・・・・・・・ | 88 |

3	とにかくノートを使い倒す！・・・・・・・・・	90
4	授業に使えるツール・・・・・・・・・・・・・	92
5	メモと手帳で大きな時間を生み出す・・・・・・・	94
6	TODOリストでテンポよく仕事をする・・・・・	96
7	PCを快適に使う方法・・・・・・・・・・・・	98

Column デジカメ画像を副次利用・・・・・・・・・・・・ 100

第6章 教師の研鑽術

1	自己研鑽はスピードが勝負！・・・・・・・	102
2	引き算感覚で仕事をする・・・・・・・・・	104
3	話すことで頭を整理する・・・・・・・・・	106
4	省察には，「書く」が効く・・・・・・・・	108
5	「生徒」をしてみることで新しい発見をする・・・	110
6	仕事に生かせる読書術① かしこい本の読み方・・・・・・・・・・	112
7	仕事に生かせる読書術② 目次だけ読み，並行読み・・・・・・・・・	114
8	１週間は「５日＋２日」あると考える・・・・・	116
9	校内での研修を充実させる・・・・・・・・・	118

Column 「毎日見せる」で感化力アップ・・・・・・・・・ 120

第7章　教師の思考術

1. 積極的な自分をつくる ・・・・・・・・・・・・・122
2. 日常に楽しみをつくる ・・・・・・・・・・・・・124
3. 落ちこんだときの切り替え術 ・・・・・・・・・・126
4. モチベーションは自分で上げる① ・・・・・・・・128
5. モチベーションは自分で上げる② ・・・・・・・・130
6. モチベーションは自分で上げる③ ・・・・・・・・132
7. 失敗したときこそ，チャンスに変える！ ・・・・・134
8. 「そもそも思考」でいこう ・・・・・・・・・・・136
9. 自分を伸ばす①（仕事論） ・・・・・・・・・・・138
10. 自分を伸ばす②（上達論） ・・・・・・・・・・・140
11. 実行と実効で仕事を変える ・・・・・・・・・・・142

第1章 教師の時管術

> 教師の時管術①

ちょっとした時間も無駄にしない方法

■ 隙間時間を活用しよう

　時間がかかりそうな複雑な仕事は，できれば放課後にしたいものです。指導案をつくったり，教材研究をしたりといった仕事です。

　しかし，そう思い，放課後に「さあ，やるぞ」と思ったら，細々とした業務が詰まっていたということは少なくありません。

　そこで，業務合間の「すきま時間」を活用して，細々とした業務を処理してしまいましょう。

　授業後の5分休憩，昼休みの後半10分，会議に全員が集まるまでの数分。これらの時間は，一日をトータルすると1時間程度にもなります。

　ところが，この時間は，実はなかなか活用できないのです。そもそも，隙間時間でできる仕事が意識されていないからです。そこで，まずは手帳に小さな仕事をリストアップしておきましょう。

■ タイムパフォーマンスを考える

　右頁の図を見てください。A象限は，「時間をかければそれに比例して効果も高くなる仕事」です。

　そして，B象限は「少しの時間で効果が上がる仕事」。一般には，この二つの仕事をふつうにしていれば，教師の仕事は大過なくすることができます。

　そして，気をつけなければならないのが，C象限です。

この象限にある仕事は,「時間をかけても,それほど効果が上がらない仕事」です。これを,見誤ることが教師は多いのです。多くの教師は,まじめなので,どんな仕事でも時間をかければ,それに見合った効果が上がると信じています。(D象限は意味のない仕事)

　もちろん,どんな仕事でも手を抜くことなく,することが理想です。しかし,それは現実的ではありません。タイムパフォーマンスの低い仕事を見抜かなくてはならないのです。

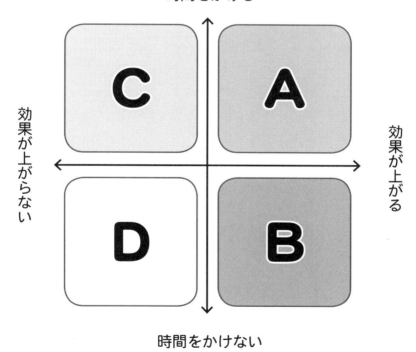

ポイント

・5分でできる仕事をリストアップしておく。
・タイムパフォーマンスを考える。

> 教師の時管術②

朝の動きが一日を決める①
朝起きてから家を出るまで

▋ 朝型で集中力を増す

朝型はなぜ効率が良いのでしょう。

それは、第1に邪魔が入らないということです。電話もかかってこなければ、話しかけてくる家人もいません。

そして、第2に仕事を終える時刻が決まっているということです。

平日であれば、朝の仕事は、家を出るまでの時間までと限られています。

仕事をしながら、時計をちらちらと見て、「あと10分」「あと5分」と思いながら、仕事を進めることになるでしょう。

時間内に終わらせようという強い思いによって、迷いは消え、仕事を仕上げることに一直線に心は向きます。

つまり、朝は仕事のゴールへ向かう勢いが違うのです。

このように、「うしろの時間」が限られているということが、モチベーションを上げ、仕事の効率を上げるのです。

▋ アイディアを生み出すため、夜に仕込みをする

「朝の1時間は、日中の2時間分に相当する」と言います。

私も、朝型で仕事をしています。

午後10時には布団に入り、4時にはPCの画面に向かうようにしています。

第1章　教師の時管術

　「朝型にしようと思っても，朝起きられない」という人がいますが，そんなことはありません。
　「切羽詰まった仕事」を朝にやるようにすればよいのです。
　その日の学級通信や，その日に子どもに配付するプリントなど。こうした「その朝に，絶対にしなければならない仕事」を予定しておくと，目覚ましの前に目は覚めるものです。
　また，朝に効率よく仕事をするコツは，夜に少し手をつけておくこと。
　翌朝しなければならない仕事に2割程度取り組んでおくと，眠っている間に，頭で整理されて，アイディアが浮かぶことが多いです。

眠っている間に整理

ポイント

- 「うしろの時間」が，モチベーションを高める。
- 夜，2割くらい手をつけておく。

> 教師の時管術③

朝の動きが一日を決める②
朝することを決めておく（教室に入ってから）

▮▮▮ 子どもを迎える心構えをつくる

　私の場合，朝にする業務はいつも決まっています。
① 　子どもが教室に入ってくる 45 分前には教室に入る。
② 　子どもたちの机を拭く。
③ 　そのときに子どもたちと「対話」する。昨日のことを思い出し，今日，その子にかけてあげたい言葉をつぶやく。
「昨日の絵，すてきに仕上がっていたねえ」
「昨日，お腹が痛いと言っていたけど，あの後はどうだった？」という具合に。こうすることで，その子が学校に来たときに，スムーズに会話を始めることができます。
　また，こうして毎日子どもに会うまでの時間にすることを，決めておくことによって，子どもを迎える教師としての心構えを，つくることにもなるのです。

▮▮▮ ルーティンすれば，無駄が省ける

　私は前節のような心構えづくりを終えると，国語と算数の教科書を取り出し，発問や指示，またノートの取らせ方などを書き付けるようにしています。
　頭がクリアなので朝の時間には，国語と算数の授業準備をすることが多かったです。

第1章　教師の時管術

　逆にものを準備することが教材研究の大部分を占める，社会や理科の授業準備は放課後にしていました。

　これをおよそ200日間，同じようにします。体調の悪いときも，他の業務があるときも，基本的には同じように過ごします。

　朝は頭がさえているので，一日のゴールデンタイムです。それを「何をしようかなあ」と考えているうちに終わらせてはもったいないです。することが決まっているということは，それだけで，無駄を省いているということになるのです。

子どもに会う前に

ポイント

・朝は対話シミュレーションを。
・朝は国語，算数の準備を。

> 教師の時管術④

「もしも」を考えて仕事をする
忘れ物，紛失の対応に時間をロスしない

■ 忘れ物に対応する

　例えば，明日，算数の時間中に計算プリントを使うとします。そうしたとき，私はそのプリントを4枚コピーします。1枚は，自分の手帳に挟んで，隙間時間に教材分析をするために使います。そして，残りの3枚は，教科書に挟んでおきます。忘れた子ども用として，用意しておくのです。

　私には，忘れた子どものために，職員室にコピーを取りに行ったり，行かせたりする時間がもったいないのです。また，それに対応する時間も。

　同様の理由で，私は，教室に，忘れた児童用の鉛筆，消しゴム，赤鉛筆などを，常備しています。それらを指導した上で，すぐに貸すようにしています。

　忘れ物への対応には色々な考え方があるとは思いますが，私には，忘れ物そのものよりも，それにかかる時間が気になるのです。

■ 紛失にも対応する

　学級担任をしていて，意外と多いのが，「プリントをなくしてしまいました」という申し出です。

　宿題に出された学習プリントなどは，ノートに問題を写させた上でさせます。

第1章　教師の時管術

　しかし，それでは対応できない複雑な内容の学習プリントや，保護者に向けた家庭配付用のプリントは，さすがに写させるのは無理です。

　多くの場合，教師は，子どもに指導を行った上で，職員室に取りに行かせたり，コピーをとりに自ら職員室に行くことでしょう。

　しかし，これもまた数分のロスです。

　私の場合は，教室配付用のプリントは，必ず「教室配付残」というフラットファイルに綴じるようにしています。「なくした」という申し出があったら，すぐにそこから渡すようにしています。

忘れ物，紛失には即対応

ポイント

・余分に印刷で「忘れ物」に対応。
・一カ所に保存して「紛失」に対応。

> 教師の時管術⑤

見通しを持って仕事をする
「年間」「月間」「週間」で予定を管理

■ 予定表は３種類用意する

　見通しを持って仕事をするためには，まず業務が見えていなければなりません。私は，業務を「年間」「月間」「週間」予定の三つで管理します。

　年間業務は，手帳のフォーマットを使って管理しています。黒で「学校行事」赤で「締め切り」青で「教育サークル関係」緑で「プライベート」を書き入れています。

　月間業務は，職員会議の折に配付される，「月間プログラム」をそのまま手帳に貼付するようにしています。ただし自分に関係のある業務は，緑でマーキング，締め切りに関するものは赤でマーキングします。

　週間行事は，左側に本日の予定がメモしてあります。これは，職員会議中にすべてメモしています。そして，右側には，TODOリスト。

　さらに大事なことは，学級経営はおよそ１週間先，校務分掌に関わる仕事は，２週間先の仕事をするようにしているということです。

■ 手帳を見る時間を決めておく

　「手帳に予定は書き込んであるんだけど，見るのを忘れちゃうんですよ」というのは，周囲でよく聞く声。なにより大切なのは，手帳を見る時間を決めてあるということです。

　私の場合，朝，職員室に入って５秒以内に，出勤簿に押印するように

第1章　教師の時管術

しています。これは，絶対忘れないようにルーティンとして習慣化されています。仕事術のイロハのイは，自分の仕事を効率よく進めることですが，同様に人の業務の効率化を邪魔してはなりません。押印忘れは，人の迷惑になるのです。

　そして，玄関で子どもたちを迎えた後，8：10～8：15に，私は教頭から配付される「今日の予定」プリントとともに，手帳を見ます。

　このときに，TODOを確認すること，そして2週間先までの予定に目を通すこと，これをルーティンにしています。

手帳を見るのは朝のルーティン

ポイント

・2週間先の仕事をする。

・朝のルーティンに「手帳を見る」を入れる。

> 教師の時管術⑥

週末の過ごし方が，能率を上げる
金曜日は定時退勤

▍金曜日こそ定時退勤する

　金曜日こそ，少し遅くまで残業してたまった仕事をやってしまおう。こんなことを思いがちです。しかし，私はあえて金曜日には定時に退勤することをすすめます。そして，日常業務とは反対の環境に身を置くべきだと思います。

　例えば，趣味の仲間と会う。コンサートに行く。また，ときには少しリッチなディナーというのもいいでしょう。それが，自分の仕事を省察することにつながることがあるのです。

　例えば，保護者からのクレームに参ってしまった週。そんなときに，一般企業に勤めている人との時間が持てることになったとします。

　そこで，企業に寄せられるクレームの話を聞く。そうしたことが，自分の仕事を省察する機会になるのです。職場という環境に長く身を置くことは，悪いことではありません。しかし，あまりに職場に縛られてしまうのは，出口のない迷路に入り込んでしまうことになります。

▍土日に予定を入れる

　この頃，「どうしたら，先生のように仕事ができますか」とよく質問を受けます。

　実は，私も以前は，また公務だけで手一杯，いやそれさえもままならないといった状況でした。しかし，公務以外の仕事が，少しずつ入って

第1章　教師の時管術

くるようになるころから，私の仕事の仕方は変わっていきました。

　家に帰ってからは原稿を書かなければならない，週末は出かけなければならない。そうすると自ずとウィークデイの仕事の仕方は，変わってくるものなのです。

　先のような質問に，私はこう答えます。

　「土日に，予定をびっしり入れてしまうことです。そうすればイヤでも効率よく仕事しなくちゃいけないから。それも，映画を見ようとか，本を読もうとかいうような『ゆるい予定』じゃなく，相手があって，絶対ずらせないような予定だよ」と。

土日に予定をびっしり入れる

ポイント
・他業種との交流で省察を。
・ウィークデーに業務を終える。

> 教師の時管術⑦

プライベートタイムが仕事を変える
趣味は仕事に生きる

▍仕事：趣味＝1：1の時間をつくる

　例えば，休日にショッピングに行きます。そのときに，仕事のことなんてなにも考えないというモードに切り替えてしまう。

　こうしたことは，精神衛生的には，もちろん効果があります。すっきりとした気分で，週明け教壇に立てるでしょう。しかし，精神衛生的にはよいのですが，仕事はそのまま残っています。

　そこで，これを仕事半分，趣味半分のモードにしてみます。

　ウィンドウショッピングをしながら，季節にあった展示の仕方を楽しむ。そのとき，ふと教室の壁面デザインのことを思い浮かべてみるのです。ちょっと文房具屋をのぞいてみる。かわいい付箋を見つける。「この付箋にメッセージを書いて，家庭学習ノートに貼ってあげたら，子どもの意欲が高まるだろうなあ」なんて考えてみるといった具合にです。

　プライベートタイムに，ちょこっと仕事思考を挟み込んでみるのです。

▍本物に触れる

　プライベートタイムは，「本物志向」で過ごします。

　前節で述べたオフタイムをオンタイムに活用するというのは，オンタイムのためにオフタイムを犠牲にすることとは違います。

　むしろ，オフタイムを徹底的に充実させることが，オンタイムを充実させるということです。

第1章　教師の時管術

　例えば、ゴルフが趣味の人は打ちっ放しではなく、ハーフでもよいからコースに出ましょう。また、たまにはプロのツアーを観戦に行きましょう。野球好きの人も、テレビ観戦ではなく、球場へ。サッカー好きの人も。また、美術に興味がある人は、有名な画家の展覧会へ、また陶芸に取り組むというのも、素敵です。

　考えてみれば、教育は文化の継承ですから、世の中の趣味と言われるものは、おおよそ私たちの仕事につながっています。堂々と、遊びを遊びきるとよいでしょう。

プライベートタイムにすこし仕事思考

ポイント

・オフでも「ちょこっと仕事思考」する。
・遊びを、遊びきる！

> 教師の時管術⑧

学年全体でかかる時間を意識する
教材・教具はシェアする

▮▮▮ 隣のクラスの分までつくる

　1学年複数学級で，学年を組んでいる場合，教材・教具はどんどんシェアしましょう。

　もちろん，自分なりの指導法やこだわりがあるのはよく分かります。

　しかし，時間に見合った効果を考えることが大切です。同僚がつくった教材教具で，ある程度の水準が保てるのならどんどん使いましょう。それで節約できた時間で，より自分らしい納得の教材・教具をつくればいいのです。

　ただし，同僚にいつも教材・教具を準備させてはいけません。自分のができたときには，「これ使いませんか？　使うのなら，先生の分も印刷しますよ」「共有サーバーに入れておきましたから，よかったら使ってくださいね」と声をかけましょう。

　同僚と仕事を分け合うということは，時間を分け合うということに他ならないので，あくまでギブアンドテイクでいきましょう。

▮▮▮ 「みんなで相談しましょう」をやめる

　学年を組んでいる場合，絶対にやってはいけないのは，みんなで相談して決めましょうということです。

　「みんなで相談して決める」というのは，いかにも公平・公正な気がします。

第 1 章　教師の時管術

　しかし，実際には，「運動会の種目はどうする？」「学年通信の名前はどうする？」というような話題について，20 分，30 分も頭を付き合わせ，結局結論が出ないということもあります。
　時間をかけても決まらない，時間をかけた割に効果的ではないということは，学年として絶対に避けなければならないことです。
　1 人なら 20 分のロスでも，4 学級あれば担任 4 人分，80 分のロスにもなるからです。その時間，学年の仕事を各自処理すれば，学年の仕事の多くが処理できたことでしょう。学年で話し合うときは，必ず提案者が腹案を持つようにしましょう。

ポイント
・あくまでギブアンドテイクで。
・腹案を持って集まる。

> 教師の時管術⑨

終了時刻を決める
一仕事当たりの使用時間をあらかじめ決める

■ 短い時間で，最高の質を目指す

　学級担任であれば，子ども一人あたりにかける事務処理時間というのを意識してみましょう。

　例えば，「通知票の所見であれば，一人3分で書く」「家庭学習なら一人1分以内に評価する」「テストの採点であれば，一人30秒」というように，決めるのです。はじめのうちは，タイマーをかけて，時計と競争しながら処理してみましょう。

　教師という仕事は，1年目より2年目，2年目より3年目の方が，与えられる業務は増えていくものです。ですから，より短い時間で，質を高める工夫をしなければなりません。

　そうした工夫をしないとすると，教師は経験年数を重ねる度に，オフタイムを削ったり，家族との時間を削ったりしなければなりません。つまり，犠牲にするものが増えてしまうということになるのです。

　これでは，精神的にも肉体的にも破綻してしまいます。

■ 会議の時間を管理する

　私が，教員になった頃，非常に驚いたことがあります。それは，職員会議の議題一覧に「職員会議　14：30〜」と記されていたことです。

　私は大きな違和感を持ちました。終了時刻が記されていなかったからです。

第1章　教師の時管術

　私は，自分が教務になったときに，真っ先に議題一覧に終了時刻を記入することにしました。あわせて，議題ごとの議論時間を入れました。例えば，「①　運動会計画案（10分）　②　交通安全指導教室計画案（7分）……」というようにです。さらに，提案文書は3日前までに配付，事前に目を通してもらい，提案者は絶対に書いてあることは読み上げないことを，申し合わせました。
　すると，それまで時には90分を超える会議が30分で終わるようになったのです。

はじめはタイマーをかけ事務処理を

ポイント

・一人にかける時間を決める。
・議題一覧には終了時刻を書き込む。

Column
かわいい付箋で注意喚起

　付箋は，子どもへの指導場面でも活用できます。とくに最近は，おしゃれなデザインやかわいいデザインの付箋も多く見かけます。

　たとえば，子どもたちの登校前下駄箱に行きます。子どもたちの靴を観察して，そろえて入っている子どもの下駄箱にパンダのデザインされた付箋を貼っていきます。

　学校に来ると，子どもたちはすぐに教師に質問します。「先生，あの付箋は，なんですか？」と。

　その場では，にこにこしながら「さあて，なんでしょう？」と答えておきます。

　その後，朝の会で種明かしをします。

　「どんな靴のところに貼ってあるか気づきましたか？」

　これで，多くの子どもたちが気づきます。

　「実は，そろえて靴を入れてある人のところに貼ってありました」

　これで，その日の放課後からは子どもたちは靴をそろえて入れるということを意識するようになります。

　もちろん，きちんと靴が入っていないところに付箋を貼っていくという方法もありますが，私はその方法を選びません。

　少しずつ貼ってある付箋が増えていくということが，子どもたちにはゲームのように楽しいらしいのです。自分たちのクラスが良くなっていくことを，実感できるからです。

　ときどきそろっている靴が一気に増えるときもあります。気の利いた子が，全部の靴をそろえてしまうのです。

　それはそれでうれしいことです。みんなでお礼を言うようにします。

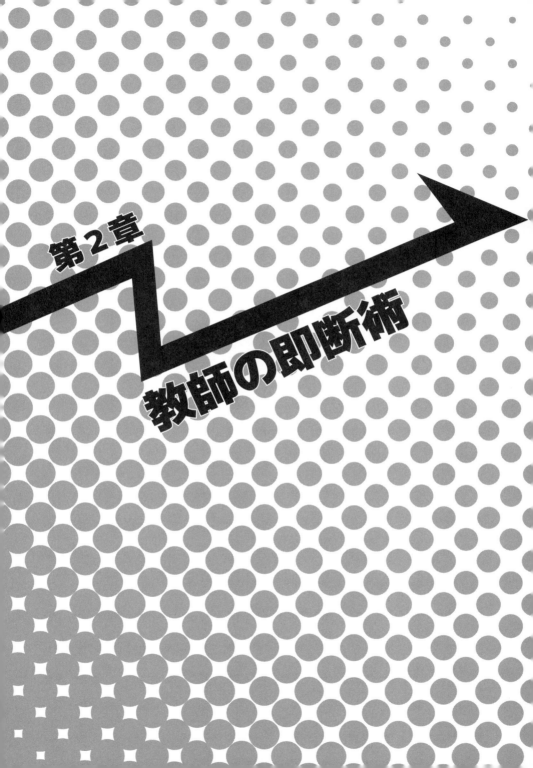

教師の即断術①

3秒以上悩まない

いったんは「決める」、そして修正する

　決断までの時間が長いと、たしかに仕事上での失敗は少なくなるでしょう。また、慎重に仕事を進めることは、子どもの人生を預かっている教師として、当然のことでもあります。

　しかし、一方で、それほど時間をかけなくてもよいことに長く時間を割き、いつまでも職場に残り、体を壊しては、元も子もありません。また、判断に悩んでいる間に、子どもへの指導の適時を逃してしまったということになるのは、残念です。

　例えば、「学年通信の題名をどうしたらよいか」や、「運動会の種目をなににするか」で20分間も頭を悩ませているような学年打ち合わせなどは、その悪しき例でしょう。

　教師の仕事はこだわろうと思えば、いくら時間があっても足りないのです。ですから、いったんは「決める」ことが必要です。

　その上で不都合があれば修正していく、そうした姿勢が大切です。

即断をスキルアップにつなげる

　教師のスキルアップは、大まかに言うと、ルーティン（繰り返し業務）の効率化と、ストレッチ（新しい事への挑戦）からなっています。

　両者のうち、一般にルーティンの効率化は、経験年数に応じてスムーズに進めることができます。これは、経験年数を重ねるほど、仕事に見

第2章　教師の即断術

通しが持てたり，よい方法を発見できたりするためです。しかし，一方でなかなかできないのがストレッチです。人は，ふつうに過ごしていると，なかなか新しいことには挑戦しないものです。

　そこで，人からの頼まれごとの機会を活かしてみましょう。若いうちはいろいろな頼まれごとをされるものです。例えば，「研究授業を引き受けてくれないか」「初任者研修で話をしてくれないか」「運動会の学年指導リーダーをしてくれないか」こうした頼まれごとに，3秒以内に「はい，喜んで」と答えましょう。速い判断を，単なる時間短縮だけではなく，スキルアップにもつなげてみましょう。

3秒以内に答える

ポイント

・まずは即断する。
・頼まれごとにも「はい！」と即断する。

教師の即断術②

その場主義で仕事をする

||| 行事の反省はその場でする

　校内的な行事の折に，多くの学校では「反省用紙」が事前に配付され，学校改善に活かすことになっているはずです。

　若い頃，私はこれを行事が終わったその放課後に書いていました。いえ，その日の放課後ならまだ良い方でした。担当者に「○○の反省用紙，山田先生，まだ出していないよ」と言われて，ようやく出すというようなこともありました。

　そうなると，思い出して書くということがたいへんなのです。

　まず，細部が思い出せない。ですから，行事について，もっと書きたいことがあったはずなのに，それが書けません。その上，書き上げるまでに多くの時間がかかってしまっていました。つまり，仕事の質も効率も担保できていない状況だったのです。

　そこで，行事があると，バインダーに反省用紙をはさみ，その場に持って行き，そこで書き込むことにしました。

||| その場主義で，時短と質の向上ができる

　その場主義で反省を書くと，細部にわたって，多くのことについて書くことができました。それはそうでしょう，目の前で起きたことをその場で書いているのですから。あわせて，行事が終わって，教室に戻る途中で，職員室に寄り，担当者の机上に用紙を置きますから，締め切りを

過ぎるということもありません。

　こうして，その場主義のよさを実感すると，その他の場面でもその場主義が活かせることに気づきます。

　例えば，理科室で授業をするときなど，必ず付箋を持って行きます。その場で足りない実験器具などがあれば，「気体検知管があと5本です」「試験管が足りません。あと10本あると楽です」と，その場で書き込み，担当者の机上に貼ってあげます。また，研究授業を見たときなども，指導案に直接気づいたことを書き込み，授業が終わったら，すぐにコピーをして，授業を見せてもらったお礼とともに授業者に渡します。

気づいたことは即その場で

ポイント

・放課後している仕事のうち，その場でできそうなものは，その場主義に切り替える。

教師の即断術③

学校改善は
手帳の決めたページに書く

▮▮▮ 若い教師こそ学校経営に参画をする

　現在の学校はPDCAサイクルによる学校経営を目指しています。ですから，どんなに若い教師でも学校運営について意見を求められることがあります。特に学校評価のうちのいわゆる「内部評価」は，若手が学校改善に直接関わることができるチャンスです。

　自分が「学校経営に口を出す」ことはおこがましいことと思えるかもしれません。しかし，若い世代には若い世代にしか感じられない，「違和感」もあります。その学校での勤務年数が長くなっていくと，さまざまな事柄に関して無自覚になってしまうものです。つまり，何事も当たり前と思ってしまったり，フツーのことと思ってしまったりするものなのです。ですから，学校改善には，そうした無自覚から縁遠い若い教師の感覚が大切と言えるでしょう。

▮▮▮ 改善に関することは決められた場所に保存する

　若い教師の感覚が，学校改善において大切だと書きました。しかし，若い教師が学校改善についての意見を求められたときに，すぐに反応できないようでは，話になりません。

　つまり，学校評価の時になって，改めて「なにかあったかなあ」とぼんやり思い出すという程度ではいけないということです。

　学校改善事項について意見を求められれば，瞬時に，まとまった数の

第2章　教師の即断術

事項をすぐにレスポンスできるのが望ましいのです。

　私は，手帳の右側3cmほどのスペースに，緑色のボールペンでそうした改善が必要な事項やアイディアだけを書き込んでいます。

　例えば，その欄には「補欠依頼書の書き方を示す」「全校で漢字ドリルを同じものにしては？」「図書室の本を面だしするための棚があるといい」という文字が並びます。いざというときには，ここだけを見れば，「改善の視点」がスムーズに出てくるということです。

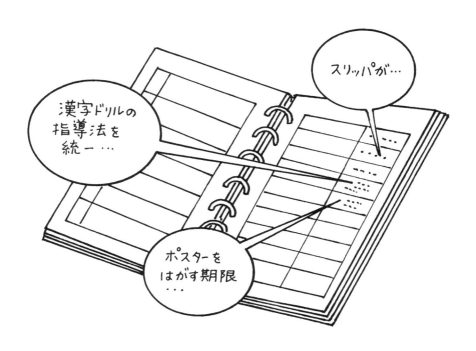

ポイント

・学校改善事項は，一カ所に蓄積していく。

教師の即断術④

60点満点主義で仕事をする

■ 心の中で60点満点にしてみる

　教師になる人というのは，子どもに完璧を求める人が多いようです。
　もちろん，できるだけ完璧なものを求める気持ちは大切です。それが時に子どもの成長につながる場合もあるからです。しかし，一方で，そうした教師は子どもの足りない部分にばかり目がいきがちでもあります。子どものどんな姿を見ても，「まだできるはずだ」「もう少しがんばって欲しい」と思うのです。
　そうした教師の目は，子どもたちの良さを見逃してしまいます。
　また，努力を認めることもできなかったりもします。
　そこで，まずは子どもを評価するときに，最高点を60点としてみましょう。すると，100点満点の50点くらいでも，60点に比べれば8割もできていることになります。また，60点なら最高，それを超えたら奇跡なのです。

■ 自分の仕事も60点満点で考える

　若い教師の中には，「授業を公開して」と頼まれると，「まだ勉強不足で……」という理由で断る人がいます。
　たしかに，謙遜は美しいかもしれません。しかし，実際のところ，その教師が十分に勉強をして，「自分は授業を公開するにふさわしい力量を備えた教師になれた」と思うときはいつ来るのでしょう。

第2章　教師の即断術

　結論を言うと，そのときは永久に来ません。教師という仕事は，自分の仕事が高まって来れば来るほど，その不備，不足に気づくものです。完璧な仕事ができるようになってから授業を公開しようと思っていると，そんなときは永久に来ないということになるのです。

　もちろん，そうした姿勢は手堅い仕事の仕方とは言えるでしょう。しかし，成長のチャンスを逃しているとも言えるでしょう。60点程度の仕事ができるようになったら，まず自分の仕事を公開してみましょう。

ポイント

・60点主義で子どもの努力を認める。
・60点の点数がとれるようになったと思ったら仕事を公開する。

> 教師の即断術⑤

頭に
アイディアを捕まえる網を張る

▌ 早めに概要だけは頭に入れておく

　例えば，北海道は6月に運動会があります。学年で種目を考えるのは，およそ5月初旬ということになります。こんなとき，5月初旬になってから，「種目どうしようかなあ」と考えるのでは，効率が悪いのです。

　4月の初旬に「運動会の団体種目は，私が考えます」と学年打ち合わせで，宣言してしまいます。このように，いったん頭にインプットするということが大切です。こうすることで，頭の中は常にアイドリング状態になります。

　すると，見るものの見え方が違ってくるのです。例えば，テレビを見るときも，運動系バラエティーでは「これ使えないかなあ」と思いますし，書店に行けば「運動会」が入った書名が目に飛び込んでくるでしょう。こうして頭のアイドリング状態を早くつくることで，その後の情報の入る量が変わるのです。

▌ ノートに「○○」の頁をつくってしまう

　私はB5版のバインダー式の手帳を使っています。その手帳には，「○○」の頁というのがあります。

　例えば，「運動会種目」を近々決めなければならないとすれば，新しい頁の上の方に，「運動会種目」と書き込みます。そのほかにも，「出会いの演出」「ほめる」「集中させる」というような頁があります。

第2章　教師の即断術

　これらの内容について，ふと思いついたアイディアがあれば書き込みます。また，本を読んだり，テレビを見たり，新聞を読んだ際に出会ったアイディアも書き込むことにします。

　こうすると，まずテーマについての情報がまとまっているので，情報が取り出しやすくなります。また，書き込みを繰り返すことによって，さらにテーマを強く意識することができるようになります。

　すると，必要な情報を受け取る感度が上がることになるのです。

ノートに特定のテーマの頁を作る

ポイント
・アイディアを捕まえるために，早めにインプット。
・書き込むことでさらに意識を強める。

教師の即断術⑥
教師じゃない人の教育論を聞いてみる

▌▌▌ 教師は常識がないと思われている

　横浜市教育委員会は，2011（平成23）年に「教育意識調査」を行いました。その調査には，保護者が「教員の指導に望むこと」を尋ねた項目があります。最も多いのは「教育への責任感や使命感」で68.7％。3番目に多いのが「社会人としての一般常識」で50.8％だったそうです。

　教師としては実に残念な結果です。もちろん，上位項目も気になりますが，「社会人としての一般常識」を教師に望む保護者が半数もいるという事実。一般に教師は常識がないと思われているようです。

　たしかに，教師は忙しい仕事であるということもあって，どうしてもつきあいの範囲も，せまいものになりがちです。しかし，子どもを社会に送り出す役割を担う教師が，社会の常識に疎いわけにはいきません。

　まずは，異業種の方と話す機会を意識してつくりましょう。

▌▌▌ まずは身近な異業種の人と話す

　まずいちばんに，気楽に話せる親戚や友人に話を聞いてみましょう。現在私は，初任者指導に携わることが多いので，親戚や友人のホテルマン，生命保険会社社員，飲食店店員と，新人教育のことを話すことが多いです。

　一方，若い教師たちにぜひしてもらいたいのは，友人，親戚の中で「親になっている人たち」との話です。若い教師たちは，「教師の願い」

第2章　教師の即断術

だけで指導をしてしまうことが多いものです。それは教師としての使命感や責任感が強いとも言えます。しかし，一方で子どもの実態や保護者の願いを無視してしまうという危険も含んでいます。

　ですから，「もしも，自分の子どもが○○なとき，担任からどう言われたら，嬉しい？」「もしも，○○なとき，担任がどうしてくれたら安心できる？」「もしも，自分の子どもが学習で躓いたらどんなフォローをしてほしい？」というような質問をして，教師以外の人の感覚を自分の中に取り入れておきましょう。

教師以外の人の感覚を取り入れる

ポイント

・身近な異業種の人に，「もしも」質問をしよう。

教師の即断術⑦
10年後のその子を思って指導する

▮ 指導に悩んだら10年後を思い浮かべる

　生活指導上の加減に対する迷いは，若いときはもちろん，経験を積んでも減ることはありません。

　「あんなにきつくいうべきじゃなかったかな」，逆に「もっと厳しく言わないといけなかったかな」というような迷いです。

　もちろん，こうした迷いを持たないと，教師は自分の指導に対して傲慢になってしまうこともあるでしょう。しかし，一方で子どもに対する指導局面で自信のない態度になってしまうのは，もっといけないことです。

　そこで，大事なことは，児童のことやその状況を，よく理解した上で，その子の人生を見通した指導をすることです。

　例えば，「この子が10年後，会社で勤めるようになったとき，このことは身につける必要があることかな」と指導する際に，自問してみましょう。そうすると，胸を張って指導できる自分になれます。

▮ 世の中の10年後，20年後，30年後……も考える

　10年後，20年後，30年後……の世の中を想像してみましょう。

　仮に，日本の30年後の状況を列記してみます。世界人口は90億人を超える一方，日本は1300万人減となります。高齢者化率は37.7％と言われます。これは，超高齢化社会と言ってよいでしょう。そんな時代に，

私たちの教え子は生きていることになります。

　日本が，現在の経済規模を保つには，女性の社会進出，外国人労働者の積極的受け入れ，個人が複数の職業に就くことなどが条件となります。私たちの教え子たちは，様々な言語，様々なバックボーンを持った人々と働くことが当たり前の社会で生きていくことになります。

　こう考えれば，日本の伝統的な教育の内容や方法を大事にしつつも，教師が新しい教育への知見を広げなければならないことは，必至です。

　未来について知り，未来について想像することは，教師としてどんな子どもたちを育て，そのために教師自身がどうあるべきなのかというぶれない軸を持つためにしなければならないことなのです。

子どもの将来を思い判断する

ポイント

・10年後，20年後，30年後の子どもと社会について想像してみよう。

> 教師の即断術⑧

迷った時の指針を決めておく

▐▐▐　子どもに質問されたら厳しい方を選ぶ

　学級開き当初，子どもたちはたくさんのことを質問してきます。
　「先生，給食を残してもいいのですか」「先生，それ（板書）は写すのですか」「先生，ぞうきんがけはするのですか」……，小さなことから，学級全体のシステムに関わるような大きなことまで。
　教師は，基本的にはその場で即時判断して，全員に伝えます。しかし，気をつけなければならないことは，この判断が教室のシステムとして強く浸透し，長く影響するということです。
　もちろん，学級内のルールに関わることは，事前に心づもりをしておき，決まっていることが大切です。しかし，想定外の質問も多くあります。そんなとき，私の場合は，「迷ったら子どもが鍛えられる方，厳しい方を選ぶ」と決めています。これで，判断に時間がかかることも，教室をゆるませる判断をしてしまうことも防ぐことができるのです。

▐▐▐　立場によって，判断基準を変える

　校務分掌においてもそうです。私は，あらかじめ迷った場合の判断基準を決めておきます。例えば，教務主任であれば「職員の混乱が少ない方を選ぶ」，研究部長なら「提案性のある，より新しいものの方を選ぶ」，生徒指導部長なら「より予防的な，再発しない方を選ぶ」などです。
　二つの案があって，どの方法を選ぶか迷うことは，存外多いものです。

そうした場合，まず大切なのはいろいろな人と話して情報を集めることです。自分ひとりが見える範囲，知ることができる範囲というのはどうしても限られています。

しかし，そうして情報を集めてもなお判断に迷うことは現場ではよくあることです。そんなときは「結局，やってみないとわからない」ということです。そうであるならば，無駄に判断にかかる時間を費やす必要はありません。時間の有効な活用や的確なタイミング，一貫した判断が優先されるべきです。

ポイント

・判断基準を設けておけば，短時間で一貫した判断ができる！

> 教師の即断術⑨

よいアイディアが浮かぶ条件を再現する

▮ 過去の経験から，よい条件を再現する

　例えば，「学級通信の題名をどうしようか」「道徳の授業で使う資料の内容はどうしようか」「かけ算九九の暗唱で，やる気にさせる九九表のアイディアはないか」というようなアイディアを捻出しなければならないとき。

　そうしたときは，自分が過去によいアイディアが浮かんだ条件を再現するとよいでしょう。

　例えば，好きな音楽を聴いていたとき，喫茶店でケーキを食べながらリラックスしていたとき，映画館で好きなアクション映画を見たあとなど，人には，それぞれによいアイディアが浮かびやすいシチュエーションがあるはずです。そうした条件を再現してみましょう。

　ただじっとしていて，気ばかり焦るのでは，精神衛生的によくないばかりでなく，焦っている状況ではよいアイディアも出ません。

▮ スランプの時こそ，成功条件をそろえる

　成功条件をそろえることは，アイディアを捻出するとき以外にも有効です。また，自分の成功条件をより多くそろえることができる人は，やはり仕事をスムーズに進めていける人と言えるでしょう。

　適切な睡眠時間，元気が出る食べ物，身につけるとテンションが上がる色，口癖などを，意識しておきましょう。

第2章　教師の即断術

　もちろん，こうしたことは心身の調子のよいときには，それほど意識することはありません。しかし，「どうも，スランプだなあ」と感じるときには効果があります。
　心身の調子が悪いときには，とかくミスを連発しやすいものです。
　同じ子どもへの対応ミスを繰り返してしまったり，特定の先生との関係が悪化してしまうときもそんなときです。
　原因は，多くの場合，対象にあるのではなく自分の側にあるものです。まずは，成功条件をそろえて正しい判断ができる状態をつくりましょう。

ポイント

・適切な睡眠時間，元気が出る食べ物，身につけるとテンションが上がる色，口癖などの成功条件を意識しておこう。

> 教師の即断術⑩

月に教育書を3冊, 教育雑誌を3冊購読する

▍教育雑誌はすべてを読まない

　教育雑誌は,その時々のトレンドな指導方法を知るために,必ず必要なものです。

　例えば,研究授業を引き受けても,授業のアイディアがなかったり,いまの教育界がなにを志向しているかがわからなければ,手も足も出ません。また,日常授業においても,経験のない若い教師がいくら頭をひねっても,そうよいアイディアは出ないことでしょう。

　そんなとき,教育雑誌があれば,掲載されている指導のアイディアを,子どもの実態に合わせて一部修正したり,または組み合わせたりすることで,指導の質を向上させることができます。

　しかし,大切なのはわかるが,読む時間がないというのもよく聞く話です。そこで,雑誌は自分がもっとも気になる記事を一つ,あとは目次だけ読めばよいと割り切ってしまいましょう。目次にだけ,目を通しておけば,あとで検索することが可能になります。

▍主要教科関連を2冊+α読む

　教育書にしても,教育雑誌にしても,小学校教員が毎月目を通した方がよいのは,国語と算数に関連したものです。

　小学校教員の場合,国語と算数の授業力を高めることが,まずは急務です。

第2章　教師の即断術

　この2教科の時数が多いこともありますが，これら2教科の授業の進め方がほかの教科においても，応用することができるからなのです。まずは，国語と算数の授業がうまい人は，ほかの教科もうまいと言って差し支えないでしょう。ですから，国語，算数の関連本を2冊，さらに自分の専門や研究したい分野を選ぶとよいでしょう。

　一方，中学校の教員は，まずもって自分の専門教科，そして生徒指導，さらに道徳，特活関連本を読むべきです。中学校の教師の場合，この順番が業務の優先順位と一致していると考えてもよいです。できる中学校教師は，教科，生徒指導，学級経営に力を持っているものです。

ポイント

・雑誌は気になる頁＋目次だけをとりあえず読む。

・教育書は国語，算数＋αを読む。

Column 付箋を使って学習支援

　授業中，何度言っても私語がやめられない子ども，姿勢を崩してしまう子どもがいます。

　こうした子どもたちに，都度口頭で注意を与えても，よいことはありません。

　まず，何度も言われるので本人のストレスがたまる。

　さらに，その注意や叱責を聞いている周囲の子どもたちの集中が途切れたり，ストレスになったりする。

　最後に繰り返し注意をしなくてはいけないので，教師のイライラが高まる。イライラすると，不用意な言葉が口を伝って出るということにもなります。

　そこで，机間巡視の際に付箋にさっと「お話，やめてね」「よい姿勢でね」などと書いて，机に貼ります。

　何度注意されても，繰り返ししてしまう子どもは，そもそも耳から情報を受け取ることが苦手である場合があります。

　また，注意されたときはわかるのですが，その注意を記憶し続けることが苦手な場合もあります。

　前者は注意事項を見えるようにすることで解決できます。

　後者は，その付箋が「話してはいけない」「よい姿勢を保つ」ということを思い出させてくれるものとして働くことになります。

　このほかに，ほめる場合などについても，「静かに学習しているね」などの言葉を貼ってあげることもします。

　これも，同様に情報を入りやすくする。ほめられることで，よい行動を継続させるという効果があります。

第3章

教師の環境術

教師の環境術①
捨てるシステム，残すシステムをつくる

❙❙❙ クリアファイルで「捨てる」システムをつくる

　近年職員室で配布される文書の量は膨大となっています。私は，以前，すべての文書を紙製のフラットファイルに1年を通じて保存していました。

　しかし現在は，そんなことをしようとしても，十分な保存スペースを確保すらできません。そこで必要なのが，捨てるシステムです。

　自分以外の人が配付した文書は大きく言って，「読んだらすぐに捨てるもの」「一定期間とっておくもの」に分けます。

　前者は，読んで理解しておけばよいものです。私の勤務校では，文書データが，共通サーバーに保存されていますので捨ててしまっても，後から困ることはほとんどありません。後者は，行事などの提案文書です。こちらは，行事が終わるまでは必要です。クリアファイルにまとめて入れて，付箋で「〇〇関係」とラベリングします。行事が終われば中身はまるごと捨ててしまいます。

❙❙❙ 自分の文書は残しておく

　一方自分の作成した文書は，ペーパーに印刷した状態で，フラットファイルに保存しておくことにしています。

　もちろん，自分の文書ですから，データで持っていればよいです。しかし，データでだけ持っていると，結局検索に時間がかかります。

第3章　教師の環境術

　その時間がもったいないのです。また，前年度のペーパーに印刷された文書をぱらぱらと見ることで，視覚から脳が刺激されて，新たなアイディアが浮かぶこともあります。

　自分の担当している校務分掌などのデータは必ずペーパーに印刷することをおすすめします。

　また，フラットファイルの文書には，「4月」「5月」…の見出しラベルシールを貼付することもおすすめします。

　このようにしておくと，次年度仕事に取りかかる時期の目処を持ちやすく，仕事の「ヌケ」が無くなります。

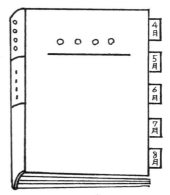

ポイント

- 人の文書は捨てる，自分の文書は残す。
- 文書にシールを貼って，取りかかる時期も逃さない。

> 教師の環境術②

仕事がはかどるワザは「学校外」にある!

■ 車，電車を研修室にする

　私の現在の通勤時間は往復1時間にもなります。

　はじめは，お気に入りの音楽やラジオを聞いて，漫然と過ごしていたのですが，この1時間がとてももったいないという気になってきました。そこで，車の中でできる仕事を考えてみることにしました。

　「自分の授業を録音して，聞く」「音楽の教材ＣＤを聞いて，曲を覚える」「授業名人と呼ばれる方々の授業ＣＤを聞く」「講演ＣＤを聞く」「国語教材の音読ＣＤを聞く」。ちょっと思い浮かべるだけでも，これだけの「耳から研修」がありました。

　「自分の授業を録音して，聞く」は，私が若い頃2年間くらい続けていたことでした。しばらくしていなかったのですが，通勤時間の有効活用で再開することにしました。若い頃にはなかった，新たなしゃべりの悪癖に気づきました。非常に有意義でした。

■ 「ここぞ」というときはネットカフェに行く

　「ここぞ」という仕事をするときに，私はネットカフェに行って仕事をします。

　休日はネットカフェが混むということもあり，行ったことはありません。しかし，平日は退勤時刻になったら，すぐに学校を出て，利用することがあります。

第3章　教師の環境術

　ネットカフェはとにかく集中できるのです。電話がかかってくることがありません。さらには、個室で人の動きや会話も気にならない。どうしても、音が気になるときには、YouTubeで１時間以上の再生時間がある静かな音楽を選んで、ヘッドフォンをしてしまいます。これで完全に外界を遮断できます。

　また、疲れたら、無料サービスの飲み物を飲みます。

　利用にはお金がかかりますので、馬鹿げているという人がいるかもしれませんが、私にはその少しの支出よりも仕事の効率が重要です。

ネットカフェは集中できる

ポイント

・通勤時間は「耳から研修」の時間に。
・「ここぞ」という仕事はネットカフェで。

教師の環境術③
教室9割，職員室1割で仕事をする

■ 教室を書斎と考える

職員室は根を詰めた仕事がしにくいところです。

電話がかかってくる。人から話しかけられる。雑談にふける人がいる。

つまり，溢れるほどの情報に囲まれているので，集中がしにくいのです。

もちろん，おしゃべりは大切な職場の潤滑油です。すればするほどに，相手のことがわかり，意思疎通がはかりやすくなるということが言えます。

しかし，それが原因で，極端に帰宅が遅くなったり，すべき仕事が済んでいないのだとしたら問題です。

そこで，職員室で仕事をする時間を減らして，教室で仕事をする時間を増やしてみましょう。そこには，教科書が置いてあり，子どもたちの存在を感じさせる机，椅子，持ち物があります。その上，ＬＡＮまでつながっています。ここに，教育書を持ち込めば，ほぼ書斎と同じです。

■ 子どもの像が見える

子どもの記録をとるときに，あなたはどこで行うでしょう。

私は，圧倒的に教室が多いです。教室は，子どもの物であふれています。

机の脇にかかっている道具袋から，体育帽子が見えます。その瞬間ひ

第3章　教師の環境術

らめきます。

「そういえば、まことくんは前回体育帽子を忘れたっけ。でも、すぐに今日持ってきたよなあ。えらかったなあ。あ、でも声をかけ忘れたぞ。明日、そのことをほめてあげなくては」

また、子どものロッカーにおいてあるリコーダーが目に入ります。

「そういえば、鍵盤ハーモニカは得意じゃなかったたいようくん。リコーダーはすらすら吹けていたなあ。あれ？　たいようくんのリコーダーがないぞ。ひょっとして、毎日持って帰って練習しているのではないかな？　明日訊いてみよう」

子どもの物が、どんどんその子についての情報を想起させます。

教室は書斎

ポイント

・集中を必要とする仕事は教室で。
・教室は子どもの姿を具体的にイメージしやすい。

教師の環境術④
整然とした教室環境づくりで，子どもの心を読み取る

まずは揃える，整える

　下駄箱の靴，教室にある子どもの棚，コートかけ，机の横にぶら下がっている巾着。こうした物は子どもの心を読み取るための重要なアイテムです。

　ちょっとした，昨日とは違う変化。そこに，子どもの小さくない変化が隠れている可能性があります。しかし，この変化に教師はなかなか気づかないものです。

　もちろん，多忙だということもあるでしょう。しかし，いちばんの理由は，気づきにくい環境になっているということです。つまり，雑然とした環境の中に，小さな変化が埋もれているということです。

　まず，しなければならないことは，基準となる整然とした教室環境の実現です。靴ならピタッと揃える，棚の上にはなにも置かない，机もピタッと揃えさせる，掲示物は曲がっていない……。

　これが，変化に気づくスタートラインです。

整えたら対話する

　環境を整えると，物の変化には気づきやすくなります。

　しかし，子どもの心の変化に気づくには，もうワンランクアップの営みが必要です。それは物と語るということです。

　例えば，下駄箱の靴を眺めながら，左右反対に入れられている靴が

あったとしましょう。そのときに,「この子は,ひょっとしたら空間認知に課題があるのかもしれないなあ。漢字の指導には気をつけてあげなければ」と思えるでしょうか。

また,靴が片方が落ちていれば,「ああ,今日は木曜日だから,サッカーチームの練習の日だなあ。明日はきっと体力的にシンドイだろうなあ」と感じられるでしょうか。

つまり,物の変化に気づいた後,その物と語ることを通して,子どもの心の変化に気づかなければ,適切なアプローチにまでは至らないということです。

ものの変化に気づく

ポイント

・基準となる整然とした教室環境の実現。
・物と対話する。

教師の環境術⑤

朝は，着手までのアクセス時間を短くする

❙❙❙ 机上は片付けない

　日中の職員室の机上は片付けないことにしています。

　たしかに，乗っている物が少なく，整然としている机上は尊いとは思います。しかし，大切なことは仕事を効率的に進めることです。そのために，私は，仕事に着手するまでの時短をもっとも優先して考えることにしています。

　出勤したら，その日に処理しなければならない仕事を机上に「開く」ことを，まずします。

　現在，メールでの仕事のやりとりが多いので，PCを立ち上げ，メーラーを開く。教材研究をするために，教科書を開く。今日や，今後のTODOの加除修正をするために手帳を開く，というように。

　こうすれば，仕事に短時間でアクセスできる上に，頭の片隅に今日する仕事のことを，ちょっと引っかけておくことで，よいアイディアがふとした瞬間に浮かぶということもあります。

❙❙❙ 前日の退勤時がポイント

　朝，素早くその日の仕事を机上に「開く」ためには，前日の退勤時のアクションが大切です。

　退勤時には，日中とは逆に机上は「まっさら」な状態にします。

　これは，書類の紛失や個人情報の漏れを防ぐために重要なことです。

第3章　教師の環境術

　しかし,それだけではなく,翌朝に気持ちよく仕事を始めるための布石でもあります。人間ですから,気分も色々ですし,家でのトラブルを抱え込んでいることだってあるわけです。そんな折,職場の机上が汚ければ,なおいっそうテンションが下がるのは必至です。

　そして,もう一つです。次の日に予定されている仕事関連の書類をクリアファイルに入れ,引き出しに平置きにして入れておくのです。

　こうすることで,翌朝,素早くその日の仕事にアクセスすることができます。

退勤時はまっさらに

ポイント

・仕事は開いておく。

・翌日を考えて後片付けする。

> 教師の環境術⑥

機能的な教室環境は指導力に比例する

❙❙❙ 教室に段ボールを置かない

　時々，教室になんのために使われているのかわからない段ボールを見かけることがあります。

　その教室の担任に中身を尋ねると，多くの場合，大した物は入っていないようです。

　回収したのに返却していないプリント，理科実験キットや工作キットのあまり，さらには持ち主の見つからない落とし物などが中に入っているようです。

　それらが段ボールに詰められて，掃除用具入れの上や教卓後ろの棚の一角を占拠していたりします。そうした教室しかつくれない教師の指導力が高くないだろうことは，容易に想像できます。

　教室は，教師がクリエイティブな仕事をする現場です。より機能的であるべきです。空間を占拠しているだけの，なんの役にも立っていない物たちは，直ちに破棄すべきです。

❙❙❙ 記名させることには，一石二鳥の効果あり

　私は，最近「落とし物BOX」のようなものを教室に置いたことはありませんし，「落とし物係」のような係を置いたこともありません。

　原則，子どもたちのすべての持ち物に記名させているからです。

　名前が書いてあるかどうかを定期的に点検し，そして書いていなけれ

第3章　教師の環境術

ばその場で記名させます。（記名してあげます）

こうすると，まず教室に落ちている物の数は9割減らせます。

教室環境が整うということは，子どもが落ち着いて生活するための大切な条件です。

しかし，それだけではありません。本当に大事なことは，落ちている物の多くが，だれの持ち物かわかることで，子どもが物を拾うようになること。また，拾ってもらうと，その子にとっては，お礼を述べるという機会にもなるということです。つまり，子どもたちのコミュニケーションが活発になるということでもあるのです。

ポイント

・無駄な物を教室から一掃する

・すべての持ち物に記名させる

Column 授業を「秒単位」でマネジメント

　授業中の「時管術」もとても重要です。小学校なら45分，中学校なら50分の時間の中に，無駄な時間は1秒たりともありません。

　私は，4月早々に二つの時間を調べます。

　一つ目は，机間巡視に何分かかるかです。基本となる巡視の順路を決めると，一周するのに何分かかるかをストップウォッチで測ります。

　このときは，基本的な巡視ですので，一人ひとりのノートに何が書いてあるかを確認しつつ回るというだけです。

　例えば，1周したら90秒だったとしましょう。これによって，授業中の机間巡視の子どもの作業時間が割り出されます。「ノートに書きなさい。時間は〇分です」の「〇」にどの数字が入るかということです。

　つまり，その年の作業時間は原則として，最低90秒。巡視を2セットしたら，3分ということになります。つまり，90秒の倍数によって，作業時間を決めていくということになります。

　二つ目は，子どもたちの音読時間です。教師が範読したのち，ページごとに読ませることがあります。

　これが，1ページあたり，何秒であるのかを測ります。

　これは，一単位時間の中で，どれだけ音読の回数を確保できるかを考えるときに参考となります。

　さらには，子どもたちの成長をはかる基準ともなります。例えば，1ページ読むのに，初めに読み終わる子が1分10秒，最後に読み終わる子が，1分45秒だとしましょう。この時間差の縮まり具合によって，子どもたちの成長を観察するというわけです。

第4章 教師の人間力向上術

> 教師の人間力向上術①

信頼につながるキーワードは「数字を言うこと」

▌▌▌ 数字について尋ねると，なにか言いたくなる

　私は，改まった席で，人と話すときに，数字をあげることが多いです。
　例えば，学級懇談会の席です。画用紙に大きく書いた，「4％」という文字を保護者に見せます。そして，保護者に「これ，なんの数字かわかりますか？」と尋ねます。「なにか話してください」という漠然とした問いでは，話してくれない保護者でも，数字について尋ねると，なにか言いたくなるのです。
　「家庭学習をしてこない子どもの数」「まさかあ，もっと多いです」と私。笑いがこぼれます。場がほぐれてきます。
　数名聞いた後，私が「『算数が好きじゃない』という子どもの数です」と答えを言います。「『4％』って，実はあと1人なんです。なんとか，『0』にしたいです」と言うと保護者は嬉しそうな顔になります。

▌▌▌ 端数まで言うと信頼度が増す

　ある研修会の席での発表の折です。私は，このように話し始めました。
　「札幌市を除いた北海道の小学校の数が，1069校。そのうち研究主題から，国語の研究をしていると推察できる学校が，およそ356校。33.3％以上の学校が国語の研究をしているのです。しかし，……」
　この発表が終わった後，聞いてくださっていた先生から，「先生の発表は具体的な数字が入っていて，すごく説得力がありますねえ」と声を

第4章　教師の人間力向上術

かけていただきました。
　また，その方は「よく細かく調べましたねえ」と言ってくださいました。たしかに，私がこのデータを得るために使った時間は，15分程度にもなります。しかし，端数まで割り出すことで，プレゼンが説得力のあるものになるのでしたら，大したことではないなあと思うのです。

数字を言うなら端数まで

ポイント

・話さない相手には，数字について尋ねる。
・数字は端数まで言う。

> 教師の人間力向上術②

苦手な人にこそ相談する

▮ 困ったらいちばん苦手な人に相談してみる

　若い頃，私には，たいへん苦手だった教頭先生がいました。失敗したなあと思うことも，自分がうまくいったぞと思うことも，事細かく指導を受けました。

　あまりに多くのことを指摘されるので，ややヤケになって，なにをするのでも，必ずその教頭先生に事前に相談することにしました。

　すると，これをたいへん喜んでくださったようで，私のよさを認めながら，さらに細かく指導してくださったり，私のことを機会あるごとに擁護してくれさえしました。

　また，私に大きな期待をしているという教頭先生の真意もやがて理解できるようにもなりました。苦手だと感じたら，むしろ近づいてみるというのが，私のすすめる人間関係術です。自分にとって苦手な人というのは，自分とは感覚の違う人ということです。その人の感覚を身につければ，人間としての幅はぐんと広がることにもなるでしょう。

▮ 苦手と感じる子どもとたっぷりかかわる

　苦手だと感じたらむしろ近づくというのは，担任をしている子どもたちとのつきあいにも言えることです。

　もちろん，教師ですからすべての子どもたちに平等，公平に接すべきです。しかし，一方でなんとなく「この子，苦手だなあ」と感じる子が

第4章　教師の人間力向上術

いるのも現実です。

そうしたときどうするかというと，私は，その子に真っ先に，たくさんのことを質問するようにしています。

例えば，その子の誕生日から，嗜好，家族のことまで，とにかく質問をします。また，受け入れがたい発言をしたときも，冷静に「どういう気持ちでいまのは言ったの？」と尋ねるようにします。

すると，その子の考え方の背景や癖がわかるようになります。そうすれば，その子を受容しやすくなります。苦手と感じたら，近づいてみるというのは，子どもとのつきあいでもおすすめです。

ポイント

・苦手な人の考えを取り入れる。
・苦手な子どもにたっぷり尋ねる。

教師の人間力向上術③

周囲に甘える

▊▊ トラブルは多くの人に話す

　学級でトラブルが起きたときは、できるだけ多くの人に話をすることが大切です。

　たしかに、自分一人でトラブルを解決できる教師は格好いいかもしれません。しかし、若いうちはかなり難しいことです。

　それに、若いうちはさまざまな指導の方法や考え方を、自分にため込む時期でもあります。

　ですから、多くの同僚に自分が抱え込んでいるトラブルについて話をして、アドバイスを受けるとよいでしょう。

　また、トラブルを抱え込むといちばんキツイのが、精神的に追い込まれるということです。そうすると、一つのトラブルが原因で、自分がしているすべての指導がダメに思えてくるものです。

　そうしたことを避けるためにも、話すことで随分と気分が楽になるものです。

▊▊ 仕事は、ギブアンドギブでする

　多くの人に相談することはとても大切なことです。しかし、同僚に相談したときに、周囲の人から見て、「助けてあげたい」と思われる自分であるということはもっと大切なことです。

　そのためには、普段から「行いの貯金」をしておくことです。「よし、

第4章　教師の人間力向上術

あの先生を助けてあげたい」と思われるような行いを，普段からたくさんしておくということです。

　私は，初めての異動をした際に，自分に課していたことがあります。第一は，廊下のモップ掛け。第二は，職員トイレの掃除です。

　こうした人の嫌がるようなことを普段からしていると，たとえそのことをこっそりしていたとしても，どこかで人が見ていてくれるものなのです。

　普段からのギブアンドギブが，さしのべられる手を増やすことになるのです。

ポイント

・話すことで，指導法をため込む。

・「行いの貯金」を普段から。

教師の人間力向上術④
印象が変わる対応の仕方

▮▮▮ スキを突かれたら「ありがとうございます」と言う

　人間というのは，一瞬のスキを突かれたときに，その人の人間性がもっともよく表れるものです。

　皮肉家の同僚から，批判されたとき，授業検討会で強い批判を受けたとき，保護者から苦情をもらったとき……。

　あからさまにイヤな顔をして，陰で愚痴をこぼす。こうしたことになっていませんか。

　そんなあなたはフツーの教師です。周囲の同僚たちと共感し合い，同情はされるかもしれませんが，一目置かれ，ともに働きたいと思われるような教師になることはできません。

　自分がスキを突かれ，苦しいときこそ，さわやかな笑みをたたえ，感謝を述べましょう。

　愚痴を言う人には同情する人が集まってきます。さわやかに批判を受け入れる人には，同志が集まってきます。

▮▮▮ 頼まれごとに全力を尽くす

　あるとき，「私の不注意で，学級通信を無くしてしまいました。もう1枚いただけないでしょうか。すみません，お忙しいのに」というお手紙を保護者からいただきました。

　私は，その手紙を持ってきた子どもにこう言いました。「『先生，すご

第4章　教師の人間力向上術

く喜んでいた』とお母さんに伝えてくれないかなあ。手紙を書いてまで読みたいと思ってくれていることが『嬉しい』って」

そうすると、その子は「はい。あのね、お母さん、全部ファイルしてあるんだよ、いままでの」と言ったのです。そこで、保護者に電話をし、お礼と「いつでも、遠慮無くどうぞ」と伝えました。

すると、数日後、その保護者と仲の良い保護者に偶然会った際、「Aさんが、先生のこと、『すごくいい先生だ』って言っていました」と言っていただきました。

教師の評判は、ちょっとした瞬間に決まるのだと思いました。

批判はさわやかに受け入れる

ポイント

・受け入れにくいことほど笑顔で。
・小さな依頼に全力で応える。

教師の人間力向上術⑤
基本的なことこそ，信頼を勝ち取る秘訣

▌ 文書にすることでクレームを防ぐ

　以前，子どもたちに毎日日記を書かせたことで苦情をもらったことがあります。
　「どうしても毎日書かなければならないのか，うちの子には無理。親も見てやることができないし……」
こうした苦情でした。
　私は，この苦情をいただいてから，学級通信で，日記を書かせる「趣旨」，「書き方」，「分量」，「保護者へのサポートのお願い」を丁寧に書くようにしました。
　こんなことでクレームが防げるのかと，思うことでしょう。しかし，これ以降クレームはありません。保護者は，疑問に感じることがあった場合，たいてい仲の良い保護者に連絡を取るものなのです。そのときに，指導の詳細が文書で伝わっていれば，ほかの理解ある保護者が，教師に代わって納得のいく説明をしてくれるものなのです。

▌ 「こちらから連絡」を徹底する

　子どもが学校でケガをしたときや，けんかなどのトラブルがあったときには，こちらから必ず電話をします。
　それも，私は，子どもが帰宅する前に保護者に連絡を取るようにしています。

第4章　教師の人間力向上術

　ですから，5分休みの電話もよくします。話が長くなりそうなら，一報を休み時間に入れ，詳細を放課後にするということもあります。
　こうまでして，保護者への連絡を徹底するのには理由があります。
　子どもは，「先生と親は，なかよしで，自分のことはなんでも伝わっているのだ」と思うでしょう。それは，安心でもありますし，「きちんとしなければ」と，背筋を伸ばさせることにもなります。
　また，子どもよりも先に事実を保護者に伝えることで，認識のずれによる苦情の多くは，防ぐことができます。

先に保護者へ連絡

ポイント

・指導の趣旨は文書で丁寧に伝える。
・トラブルは，子どもが帰宅する前に連絡する。

> 教師の人間力向上術⑥

難しいことは，行動で示すことで相手に伝える

▍ 話が切れないときは……誠実さを示す

　話が切れないときには，「時計をちらちらと見る」「立ち上がろうとする」とよいと，ビジネス書には書かれています。
　しかし，これは私にはできません。あまりに相手に失礼だと感じるのです。私が真面目だとは思いませんが，多くの教師は真面目な人が多いはずです。
　私と同様，人と話している最中に，時計をちらちらと見て，相手にそれとなく時間を気にしていると伝えることに，抵抗がないとは思えません。
　そこで，私がしているのはこんな言い方です。例えば，家庭訪問の折には，「すみません，お母さん。次の訪問の時間になってしまったのでいかなければなりません。でも大切なお話が途中ですので，次はいつが都合がいいですか」というような言い方です。誠実に対応する方が，自分も相手も気分がよいと思うのです。

▍ 難しい相手は連れ出す

　私は，説得するのに難しい相手だなあと感じている人とは，よく２人きりで話をします。
　「すみません，忙しいところ，ちょっと相談が……」
　相手の年齢や関係によって，言い方は少し違いますが，こんな感じで

第4章　教師の人間力向上術

誘い出します。会議室などに行って2人きりになるのです。

　そして，できるだけ柔和な表情をつくって，相手の警戒心を解きます。それから「どうしてもまず○○さんに，相談したくて……」と本題に入ります。

　相談された人は，自分のためにわざわざ時間をとってくれたという思い，他の人より先に相談してくれたという思いで，嬉しくなります。また，2人きりの空間が，本音を引き出しやすい上に，立場上言わなければならないという責任を感じさせにくいのです。ですから，難しい相手でも，意外と話が通りやすくなるのです。

話を切る時は誠実に

ポイント

・誠実に対応することで，自分も相手も気持ちがいい。
・連れ出すことで相手のハードルをさげる。

> 教師の人間力向上術⑦

クレーム対応では，保護者の目的・真意を探る

原因ではなく行動から目的を探る

　あるとき，保護者からの相談を受けたことがあります。その内容は，「うちの子が家庭で勉強しない」ということでした。

　はじめは，オーソドックスなアドバイスをしていたのですが，「祖母も，そう言うんですよ」「祖母も，『勉強させなきゃ』と言うんです」と，「祖母」という言葉が何度も出てくることに気づきました。

　私は，「おばあちゃんも心配されていて，お母さんに難しいことをおっしゃるんですね」と話すと，そのお母さんは控えめにですが，「ええ，実はそうなんです」と肯定されました。

　そこから，私は作戦変更して，おばあちゃんの気持ちを大切にしながらも，おかあさんの気持ちをおばあちゃんに伝える方法，そして子どもの家庭学習に，おばあちゃんも協力してくれるようになる方法を伝えました。

　保護者は，たいへん感謝していました。

クレームには，まず受容で応える

　「うちの子，学校からもらってくる宿題に時間がかかって。宿題しなきゃならないですか？　勉強って，学校でやるもんでしょ」

　こうしたクレームをもらいました。私は，まずこの母親の文末を受容することにしました。

第4章　教師の人間力向上術

「そうなんですよ、勉強は学校でするものですよね」

これに大いに満足した母親は、「私も算数が苦手で、高学年の勉強とか、もう教えるの無理なんですよ」と続けました。

私は、これが真意だと受け止めました。そこで、「いやあ、そうなんですよ。難しいですよねえ。そうおっしゃる方、多いんですよ。それなら、お母さん、教える必要はありませんから『見ました』というサインだけをしていただけませんか」。

私は、一度も母親の話に否定をしませんでした。しかし、そのお陰で、結局「宿題はやらなければならない」を受け入れてもらいました。

保護者の話を否定しない

ポイント

・会話から相手の目的を探る。
・心情を100％受容して、こちらの意見を受け入れてもらう。

> 教師の人間力向上術⑧

教師以外の人とのつながりを持ち，視野を広げる

■ 教員じゃない職員とつながる

　校務補，事務職員，給食配膳員，スクールカウンセラー，こうした方と話すことが，私は多いです。いえ，多いというよりも，そうした方々との雑談が，私の業務に含まれていると言えるほどです。

　教室の備品などを校務補に修繕してもらったときには，子どもたちに「これは，校務補さんがきれいに直してくれたから，廊下で会ったらきちんとお礼を言うんだよ」と伝えていました。こうすることで，校務補さんたちが気持ちよく働けるようになりますし，子どもたちにも礼儀を教えられるのです。

　また，スクールカウンセラーには，学級の子どもたちの情報を，給食配膳員には残食の多い学級や，食管の片付けが乱れていないかどうかなどを尋ねます。

　担任が見られる子どもの姿は一面であるということを自覚すると，こうした情報収集が重要だと思えます。

■ 業者には礼を尽くす

　業者の人が来校したら立ってあいさつする。また，旅行代理店と修学旅行などの打ち合わせの折には，正装をして，名刺を渡す。

　さらに，打ち合わせが終わったら，玄関まで見送りをする。

　これらは，私が業者と接するときに気をつけていることです。

学校出入りの業者に敬意を払うことは，できそうでできないことです。教師の世界は閉鎖的ですから，内には敬意を払う傾向がありますが，その反動か，外にはそうではありません。

　一方，業者は，学校の雰囲気や職員の態度にとても敏感です。

　はっきりとは言いませんが，「なんだか職員室の雰囲気が，変わりましたねえ」と春先に言う業者もいます。

　また，地元の業者であれば，職員室の雰囲気や職員の態度についての評判の源になる可能性もあります。自分自身が学校の評判を背負っていると思って，行動したいものです。

ポイント

・校内のあらゆる職種の人とつながる。
・学校の評判を，自分が担っていると自覚する。

> 教師の人間力向上術⑨

考え方を変えると人間関係もうまくいく！

▇ 子どもの成長を売る商売だと考える

　職員室で，子どもの批判をしている教師がいます。

　例えば，「何回言っても，○○はおんなじことを繰り返すんだよねえ」というような発言です。

　こうした発言は，他の業種では絶対にあり得ないことです。

　例えば，ラーメン屋の主人が「うちのラーメンは，本当にまずいんだよねえ」，乗用車販売の営業をしている人が「いやあ，うちのクルマは本当に運転しにくくて……」と言う。こんなことはあり得ません。

　たしかに，教師という職業を，販売や営業と同様に言うのには異論があることでしょう。しかし，私たちは子どもを成長させて給料をもらっているのです。子どもの悪口を言っている人は自分は指導力がないということを吹聴して歩いているのと同じなのです。こうした教師を，子どもも保護者も同僚も信頼したりはしないでしょう。

▇ 人間関係をゲームだと考えてみる

　私には，異動後すぐ研究部長になったという経験があります。

　初回の校内研修で，「今年度の研究内容」を説明した後，ある先生に「先生の説明は，難しすぎて誰も理解できません」と言われたことがあります。

　おそらく，私の説明もいけなかったのでしょうし，彼女にしてみれば，

第4章 教師の人間力向上術

いままでの研究の流れや伝統を否定されたようで,おもしろくない,ということもあったのでしょう。

　私は,かなりショックを受け,正直に言うと憤りもしましたが,心の中で「ようし,この先生を最も熱烈な俺の信奉者にしてやるぞ。それができたら,俺の勝ちだ」と思いました。

　その先生には,真っ先に相談し,話をよく聞き,議論しました。年度末,次年度の研究について相談したところ,「先生の考えることなら,きっと大丈夫」と文書には目も通しませんでした。

ポイント

・子どもの批判＝自分の力量不足。
・批判者を,信奉者にしたら自分の勝ち。

Column 一つもよいことがない「ぐるぐるタイム」

　これは「大きなミスをしてしまった！」と感じたとき，あなたはどのようなことを考えるでしょう。

　「ほんとうにミスなのか？」「自分の責任なのか？」「どうやったらフォローできるか？」「管理職に報告しなきゃいけないな？」「責められるかな？」

　いろいろなことが，頭をぐるぐるします。この「ぐるぐるタイム」，実に無駄です。もちろん，考えている時間そのものが無駄だということもあります。

　しかし，もっと無駄なのは，その時間，ミスにとらわれている感情が無駄なのです。ひょっとしたら，それがミスではないかもしれません。その上，結果的にラッキーに転がることさえあるのです。また，自分はミスだと思っていますが，他人から見れば「先生，そんなことで悩んでいるの？」と言われることも，意外に多いものです。

　ですから，すぐに管理職や学年の先生方に話すべきです。もしも，それがミスだったとしても，話をした人たちは最善のフォロー案を提示してくれるでしょう。つまり，ミスであろうとなかろうとどちらでもよいのです。一番いけないのは，自分だけで抱え込んで「ぐるぐる」することです。評価が定まらないことで悩むほど無駄なことはありません。

　この「ぐるぐるタイム」のいけないところは，それだけではありません。さらなる「ミス」を連鎖しやすいのです。「ミスと思われること」に心が奪われているうちに，本来対応しなくてはならないことに対応できず，新たなミスをしてしまうことはよくあることです。「ぐるぐる」することでよいことは一つもありません。

第5章 教師の道具術

教師の道具術①

文具は，使い方の工夫で真価を発揮する

❚❚❚ 水性ボールペンと付箋をもって歩く

　子どもの行動の記録をとるのなら，その場でメモするのが効率的です。時間もかからないし，正確に記録することができます。

　その場合に，コツがいくつかあります。

　第一に，水性ボールペンを使うこと。水性ボールペンは発色がよいので立ったままの姿勢でも，書くことができます。

　第二に，メモは付箋にすること。紙へのメモは，もう一度違う物への転記が必要になります。それを防ぐためです。

　私は，15㎜×50㎜の付箋に「ナミ　休んだ人の椅子まで片付ける」「ツキミ　給食台の下のスパゲティーを素手で拾う」と「名前＋行い」で書き込んでいます。

　そして，ノートに，子どもごとにまとめて貼り付けていきます。

　ノートには，あらかじめ見開き2頁ごとに，「宇野　梅田　黒田　近藤……」というように書いておきます。

❚❚❚ マーカーは3色持つ

　私は，マーカーを3色を持つようにしています。

　例えば，説明文の教材研究をするとします。まず，私は全文を縮小コピーして，A3用紙1枚にまとめて印刷します。

　その文章の「事実」黄色，「意見」緑というようにマーキングしてい

きます。黄色は目立ちませんので、緑の部分、つまり筆者の意見が浮かび上がってきます。

さらに、重要語句には赤のマーカーで色をつけます。これをすることによって、重要語句が多用されている重要段落が、ひと目でわかることになります。

つまり、視覚的に平板な文章を「マイルール」によって、立体的にすることで、とらえやすくしたり、見落としを防いだりするということなのです。

そのためには、三つ以上の色が必要ということです。

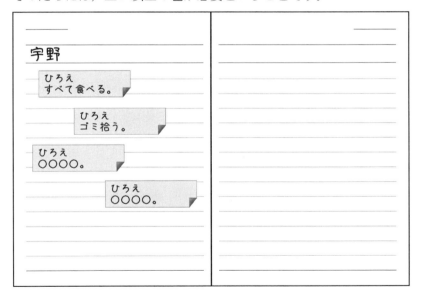

参考文献　柏木英樹『ハナマル「通知表所見欄」の書き方』（明治図書出版）

ポイント

・子どもの記録はその場でメモ。
・マーカー＋マイルール＝ミスを防止。

教師の道具術②

本代（自己投資）を惜しまない

▍本は借りない・貸さない

　本というのは、必要なときに手元になければ役に立ちません。

　たしかに、研究授業等なら、数ヵ月前から指導計画を練るということもあるでしょう。しかし、ふつう「明日の授業どうしようかな」「明後日は……」というペースで教材研究をしているものです。

　そのときに、参考にしたい教育書が手元にないのは致命的です。

　よい本に出会うと、ついつい人にすすめたくなります。

　私も、若いときには、読んだ本をずいぶんと人に紹介し、貸したものです。しかし、そうするとほとんどの本は自分の手元にもどってきません。これは、たいへん残念です。そこで、本は基本的に借りないし、貸さないことにしています。

　しかし、同僚や仲間と共通理解のもと、ある教育実践に取り組みたいというときは別です。本を購入することもすすめますが、行動を起こしてくれないときには、もう一冊買ってあげることにしています。

▍ネット販売で、時間を買う

　私は以前、本屋を何時間も物色して歩くことが大好きでした。

　若い頃には特にそうしたことは、大切だと思います。たくさんの本に触れることで、本選びの眼力がつくからです。

　しかし、そうした時間が確保できないときは、ネット販売で本を買う

ことがやはり便利です。

とくにネット販売が優れているのは，衝動買いしやすいことです。

書名や装丁，レビューなどを見て，思わず買ってしまう。これが，よいのです。あまり悩むことなく本を買ってしまいます。

たしかに，中には買って，自分にとってはいまひとつだなあという本もあるにはあります。しかし，なんと言っても時間が節約できるのです。書店に行く時間，迷う時間，こうしたことがすべて省けます。衝動買いは，出費がかさむものですが，時間を買うという感覚で，ネットを利用するのはよいことです。

本は借りない・貸さない・あげる

ポイント

・よい本は買ってあげる。

・ネットのよいところは，**衝動買い**。

教師の道具術③

とにかくノートを使い倒す！

▌ノート活用にはコツがある

　私は，一時期，ノートになんでも書き付けるという情報蓄積の仕方をしていました。

　ところが，この方法には難点がありました。それは，検索がしにくいということでした。まず，どこになにを書いたかがわからなくなる。次に，ノートが膨大な冊数になってくるので，どのノートに見たい情報を書いたのかがわからなくなるのです。

　そこで，まずノートを4冊に分けました。「授業」「子どもの記録」「研修」「アイディア」という4冊です。書き終わったノートの表紙には，「No.1 250724〜250918 頼朝情報　室町時代アイディア」と太いペンで，「通冊，期間，代表的内容」を書き込みました。また，1ページには1事項のみを書く。さらに，各ページにはノートからはみ出すように付箋で見出しを付けるようにしました。これで，情報が見つからないストレスは解消されました。

▌小さいノートになんでも書く

　ノートへの情報蓄積は，検索が難しいという点を解消できれば，たいへん有効なものです。

　しかし，もう一つ難点があります。それは，持ち運びにくいということです。教室にいるときには，数冊のノートを教卓に置いておくことも

第5章　教師の道具術

できます。

　ところが，休み時間ともなれば，それはできることではありません。グラウンドで，子どもたちと鬼ごっこするのに大きなノートはもてませんし，図書室にいる子の様子を見るのに，わざわざ大きなノートを持って行くのは，煩わしい。また，子どもたちがいぶかしがります。

　そこで，日中は，小さいノートやメモ帳をワイシャツの胸ポケットに，水性ボールペンとともに入れておくようにしていました。これなら，気づいたことがあったときにサッとメモすることができますから。

ポイント

・検索できればノートは最高の武器。
・日常的なメモはポケットサイズで手軽に。

> 教師の道具術④

授業に使えるツール

▮▮▮ 模造紙に落書きしながら授業を構想する

　パソコンで授業構想するのには難点があります。それは全体が見通せないということです。そこで，私は，「ここぞ」という授業を構想するときには，模造紙を使うようにしています。模造紙に手書きをすれば，全体を見通すことができます。

　模造紙を縦長において，いちばん上に本時の目標を書き込みます。

　これがいつでも視界に入っていますから，授業がぶれるのを防ぐことができます。次に，授業終末のいわゆる「まとめ」を書き込みます。これによって，授業のゴールがはっきりとします。そして，最後に導入から授業について書き込んでいきます。

　さらに，落書きのように，「速く」「雑に」「たくさんのこと」を書いていきます。その方が，思考の速さにペンがついていけるからです。また，消さずに残しながらアイディアを刷新していくと，捨てたアイディアのリサイクルもできるようになります。

▮▮▮ 片手にカメラを持って授業する

　授業中には，残しておきたいと思う情報がいっぱいあります。そこでデジカメや高性能のカメラ付携帯をポケットに入れて授業をします。

　例えば，板書は自分や欠席した子どものために撮影します。

　また，モデルとして活用するために，児童のノートはもちろん，絵画，

第5章　教師の道具術

習字作品なども撮影しておきます。

そのほかにも，例えば，整列の様子，グループ活動の様子，休み時間の様子なども，撮影していきます。

これらによって，学級の状況を客観的に省察することができます。

しかし，これらの撮影にはコツがあります。それは，時間をおいてくり返し撮影するということです。例えば，グループ活動の様子を毎時間撮影していったとしましょう。すると，子どもたちの頭の近づき方，表情，手の動きなどを比較することができます。そのことによって，子どもたちの変容を把握することができるのです。

子どもの変容は写真で把握

ポイント

・授業構想は，模造紙に「速く」「雑に」「たくさん」。
・時間をおいてくり返し撮影。

教師の道具術⑤
メモと手帳で大きな時間を生み出す

▮▮ メモはフォーマットを用意する

　電話がかかってきて,そのメモに1分かかり,1日に5本電話がかかってきたら,5分の時間が費やされたことになります。この時間を節約できないでしょうか。

　私は,「〇〇様から」「〇月〇日」「〇〇:〇〇」「□電話して下さい・□あとで電話するそうです・□伝言のみ」「伝言」「山田受信」とあらかじめ書き込まれたメモを50枚ほどつくっています。これで,時間が節約できる上に,相手にもわかりやすいメモができることになります。

　私には,こうしたメモ用紙が幾種類かあります。そのうち一つは,私の似顔絵スタンプが右隅に押され,「山田」のシャチハタスタンプも押された縦横200㎜×100㎜のメモです。これは一目で私からの連絡だとわかり,かつ大きいので,もらった相手も紛失しづらいのです。

▮▮ 一冊の手帳になんでも入れる

　時短の第一は,いましたいこと,見たいことへのアクセス時間の短縮です。仕事そのものをする時間を短くすることも大切ですが,仕事にたどり着くまでの時間を短くすることも大事です。

　例えば,私はルーズリーフタイプの手帳を使っています。

　この手帳は,見開き2頁で1週間のことを書き込めるタイプのものです。

第 5 章　教師の道具術

　ここには，時間割がまず書き込まれています。それ以外にも，学校の行事，プライベートの用事，こうした本の執筆に関する締め切り，毎日のTODOリストなどが書き込まれています。

　また，行事の日程は，計画案の日程部分だけを切り取り，直接手帳に貼付するようにしています。

　このように1冊に何でもまとめることによって，知りたい情報にたどり着くまでのアクセス時間を短くできるのです。

オリジナルフォーマットを作る

ポイント

・メモは，自分と相手のことを考える。
・一カ所にまとめてアクセス時間を短く。

教師の道具術⑥
TODOリストで
テンポよく仕事をする

▍仕事はまず書き出す

　若い先生から,「もっと見通しを持って仕事をしたい」という声を聞いたことがあります。若い頃には,なかなか業務が終わらず,しかも後から後から仕事が覆い被さってくるような気がするものです。

　そうした状況ですから,見通しを持って仕事がしたいというのは,切実な願いでしょう。

　私が,そうした若い先生方に,まず尋ねたいのは,「仕事に見通しを持つ前に,仕事が見えていますか?」ということです。

　遅くまで学校に残っている若い先生に,「今日は,あとなにとなにをすればいいの?」と尋ねると,「ええと……」と,そのはっきりした業務内容がわからないということがあるのです。

　仕事というものは,その全体量が見えていないと,無用な多忙感となってくるものなのです。

　まずは,その日のTODOリストをつくりましょう。

▍業務が見えれば,隙間がつまる

　TODOリストを作成すると,業務と業務の隙間の無駄な時間が,減ります。

　しなければならない業務が見えていないと,「えーと,なにをしようかな」と考える時間や,つい「コーヒーを飲んでから次の業務に……」

第5章　教師の道具術

となってしまいがちなのです。

　次々に，業務をテンポよくこなすには，まず仕事が見えていることが大事です。

　あわせて，TODOリストを作成したら，仕事が終わるたびに，一つひとつの業務に「済」マークを入れることが大事です。

　これには，いろいろな方法があります。チェックマークを入れる方法もあれば，横線で消す方法をとっている人もいます。

　どういった方法でもかまいません。一つひとつ業務が消えていくということが，よい刺激となって，意欲を高めることができるのです。

```
TODO
☑ 割合教材つくる
☑ 修学旅行原案作り
☐ 放送委員を集める
☐ 学級通信印刷
☐ 生活係提案印刷
☐ 山田くんの家に電話
☐ 帰りに赤鉛筆買う
```

「重い」仕事から「軽い」仕事へと書き出す

ポイント
・TODOリストで仕事を可視化する。
・「済」で，仕事にテンポと意欲を。

> 教師の道具術⑦

PCを快適に使う方法

▎▎▎ フォルダ管理をして，アクセス時間を節約する

　ファイル管理の第一歩は，なんといってもフォルダづくりにあります。私は，まず年度別のフォルダをつくります。

　年度初め，第1階層にあるのは「授業」「学級経営」「校務分掌」「その他」という4つのフォルダだけです。そして，例えば「授業」フォルダであれば，中に「国語」「算数」などのフォルダを作っていきます。

　そのうち，そのフォルダの中で頻繁に開くフォルダが出てきます。

　例えば，国語の研究をしていると，「授業」フォルダの中の「国語」フォルダを頻繁に開くことになります。そうしたときは，「国語」フォルダのみを，「授業」フォルダの外に出すことにします。

　こうすると，頻繁に使うフォルダが浅い階層に出てくることになり，ファイルまでのアクセスが速くできることになります。

▎▎▎ ファイルには作成日時を入れる

　データを保存するときには，そのファイル名の頭に必ず作成期日を入れるようにします。例えば，このページのデータであれば，「281012 5章－7　PCを快適に～」となります。

　これは，平成28年10月12日作成の文書であることを表しています。

　このようにファイル名の頭に作成日時をつけると，通常フォルダを開いたときに，すべてが作成日時順に上から並ぶことになります。

第5章　教師の道具術

　このようにしておくと，次の年にたいへん楽に仕事を進められることになります。つまり，次年度は並び順を見ながら，「そろそろ，アレに取りかかろうか」と仕事の見通しが持てるというわけです。

　あわせて，同じ文書を何度か修正していった場合，その都度上書きせずに日付を変えて，新たに保存していきます。誤操作による上書き保存を防ぐためと，一度捨てたアイディアを再利用するためです。

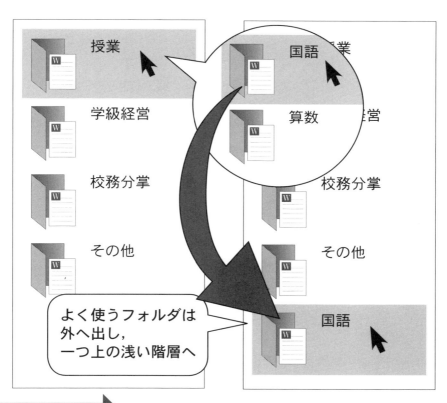

よく使うフォルダは外へ出し，一つ上の浅い階層へ

ポイント

・アクセス回数の多いフォルダは浅い階層に。
・作成期日をいれて，仕事に見通しを。

Column デジカメ画像を副次利用

　学校では，常にデジカメを持つことにします。

　例えば，次のようなものを撮影します。

　子どもの下駄箱の様子，歌唱指導の時の子どもの顔，(口の開き方，表情)，姿勢のよい子の背中，落とし物，朝自習，朝学習の様子，掃除用具箱の中の画像，給食の時の盛り付け方(安全に早く盛り付けている子)，工夫のあるノート，書写，図工の作品，学級の棚，学級文庫などが整然となら並んでいるときの画像（貼って，片づけのお手本とする）。

　また，最近はデジカメで動画をとることもできますので，以下のようなものは，動画として保存しておきます。

・起立して，廊下に整列をするまでの様子。

・行事の演目の様子。

・特別教室へ移動する際の廊下での様子。

・朗読の様子。

　効率よく仕事するとは，結局，副次利用がどれだけできるかということに尽きます。

　まず，静止画にしろ，動画にしろ，子どもたちにそれらを見せ，ほめる材料にする。あるいは，改善を促す材料にすることができます。

　そのほかにも次のように活用します。学級通信に掲載するための資料にする，保護者会で提示する資料にする，評価に活用，年度末に学級のあゆみを動画にまとめる際の材料にする。

　一度撮影するだけで，それを何度も使いまわせます。撮影は一回ですが，さまざまに使い，副次利用すると効率的に仕事ができます。

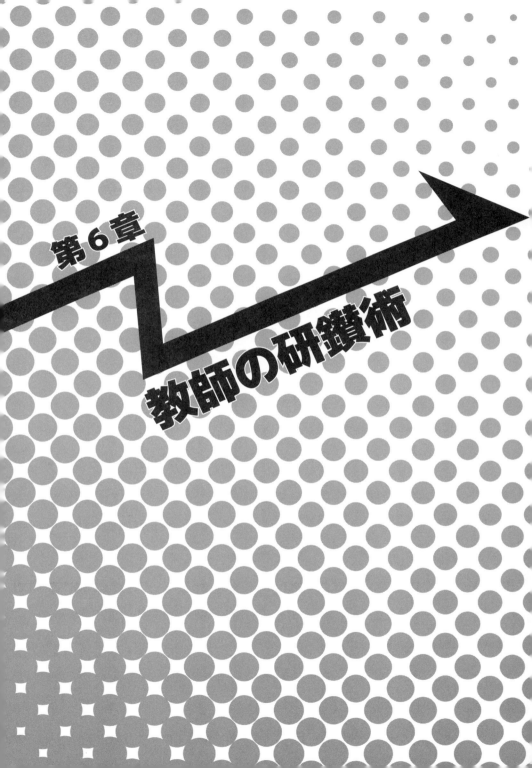

教師の研鑽術①

自己研鑽はスピードが勝負！

▌ もっとも仕事の速い人に合わせる

　どこの学校にも，仕事が速い人というのがいます。

　そのようにてきぱき仕事をこなす先生は，多くの場合，学級経営や授業も上手なものです。職員室ではてきぱき仕事をしているのに，学級が崩壊しているという先生に，私は会ったことがありません。

　そこで，自分もそうした先生に追いつこうと思ったことがあります。

　はじめは，単に「仕事を速く進めるぞ」と意識を変えただけでした。

　しかし，これはまったく効果がありませんでした。急いでいるはずのなのに，結局退勤時間は，1時間も，2時間も遅くなってしまうのでした。

　そこで，私は，その仕事が速い先生とまったく同じ仕事をするようにしました。その先生がまるつけをすればまるつけを，学級通信を書けば，学級通信を書くという具合に。

　すると，自分のなにが無駄なのかがよく分かるようになったのです。

▌ 新しい教育内容は2年前から取り入れる

　総合的な学習，外国語活動，ICT教育，キャリア教育，食の教育，プログラミング教育……と新しい教育内容が，教育現場に押し寄せています。

　これらの「新しい〇〇教育」は，増えることはあっても，減ることは

第6章　教師の研鑽術

ありません。

　世の中が複雑になっていっているのですから，それらを学校で子どもたちに教えておくことは当然です。

　私は，そうした新しい教育内容が，学校に入ってくることがわかったら，2年前から，取り組むことにしています。研修することはもちろんですが，現行のカリキュラムで実施できる内容のものは，できるだけ早く指導してみます。

　そうすると完全実施になる頃には，職場の中ではエキスパートになれています。エキスパートになることがえらいのではありません。そのことによって，他の先生方の役に立てるということなのです。

> **ポイント**
> ・仕事の速い人と同じ仕事をする。
> ・新しい教育内容は2年前から取り組む。

教師の研鑽術②

引き算感覚で仕事をする

▌▌▌ 授業を引き算で自省する

　よい授業をしようとすると，これは容易ではありませんし，すぐできるものではありません。授業があっという間に上手くなる方法はありませんし，魔法もありません。
　しかし，自分の授業のうち，ダメな部分を探して，削ると考えるとそれは容易にできます。
　例えば，算数の時間。最初の5分間を宿題の答合わせをしているというような授業を見かけます。
　これは無駄です。せっかく集中できる，始業5分をだらだらとして答合わせで潰すのはもったいないのです。
　1時間に3題しか問題を解かせない算数の授業も問題ありです。
　教師の無駄な説明を半分にして，問題プリントをさせます。
　とにかく徹底して，授業の無駄，効率の悪さをカットしていきます。
　そうすることで，授業の密度が上がってきます。

▌▌▌ ダメな○○指導を 10 個書き出してみる

　例えば，「ダメな運動会時期の指導」というのを，運動会練習が始まる前に学年の先生と 10 個書きだしてみましょう。
1．最後にほめないで終わる。
2．やり方を教えないで，精神的に追い込む。

3．時間割を急に変更する。
4．休み時間にまで練習をする
……

こうした具合に上げていきます。

「よい○○」は，なかなか思いつきません。しかし，「これは，絶対ダメだろう」はすぐに思い浮かぶものです。これらをたくさん出し，絶対にそれをしないぞと決めれば，ものすごく優れた指導にはならなくても，最低レベルを担保できる指導にはなるものです。

仕事では，「最高の○○」を目指す反面，「最低限を保つ」視点も必要なのです。

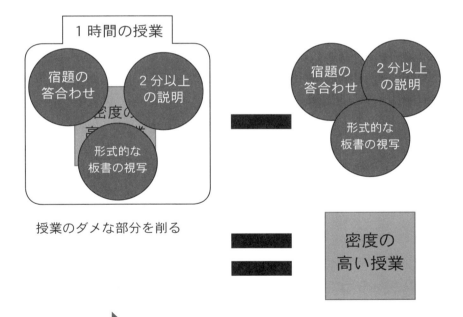

ポイント

・授業の無駄をカットして密度を上げる。
・「ダメな○○」で，最低限を確保する。

> **教師の研鑽術③**

話すことで頭を整理する

▍ 授業内容は事前に同僚に話す

　授業内容は，まず事前に周囲の同僚に話すことにします。毎回でなくてもよいのです。「ここぞ」という授業や，どう授業したらよいかを迷ったというようなときです。

　教科，単元，授業の流れなどを，おおざっぱに話すことにします。

　ざっと話した後，「どうでしょうかねえ，こんな授業」と簡単な感想を言ってもらえるように促します。

　「よいと思うよ」という反応だったら感謝を伝えます。そして，「いま，ひとつ」という反応だったら，「先生でしたら，どのようにされますか」と意見を求めましょう。その上で，最大の感謝を伝えます。

　この「事前に話す」には，二つの効果があります。

　一つは，よりよい授業にするためのアドバイスがもらえるということ。もう一つは，話すことで授業内容が，頭に入ったり，整理されたりして，授業がスムーズに行えるようになるということです。

▍ 授業後も話す

　事前に授業について話したのですから，その結果報告を簡単にするとよいでしょう。

　あまりに失敗すると，言いたくないものですが，事前に話したお陰で，周囲が「あの授業どうでした？」と尋ねてくれます。これがよいのです。

第6章　教師の研鑽術

失敗した授業についても，話さざるを得ません。

　成功した授業は，実はその教師にとって学びはほとんど無いのです。むしろ失敗した授業からこそ，授業運営の真理をつかむものです。

　そこで，事前に同僚に知らせた授業の結果は，できる限りこれも同僚に話すことにします。

　うまく行かなかったところこそ，詳しく伝え，自分が考える改善案を伝え，同僚の改善案も尋ねましょう。

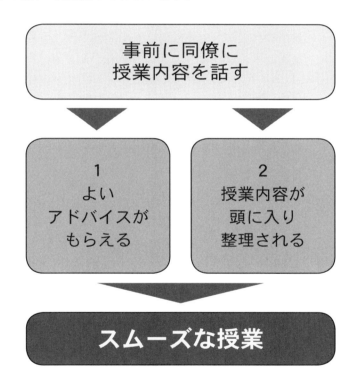

ポイント
・事前に授業について話し，内容を頭に入れる。
・失敗授業にこそ，真理は隠れている。

教師の研鑽術④

省察には,「書く」が効く

▌▌▌ 授業を学級通信に書く

　授業記録を学級通信に掲載するようにします。書くポイントは,重要な発問や指示,説明は,カギ括弧で書く。つまり,すべて言ったとおりに書くということです。あわせて子どもの発言も,できるだけカギ括弧で書くようにします。

　最後には,子どもの授業感想文を全員分転載もします。

　こうすることで,教師にとってはまず自分の授業を省察することになります。自分の授業をレポート化することで,授業を客観化することができるようになるのです。

　さらに,子どもには,自分の発言が授業中にどんな役割をしたのかを,自覚させることになります。例えば,「間違うことで,授業の活性化になった」「まとめに役立つ発言ができた」「友だちの良さを指摘できた」というようにです。

　また,家庭にとっては,家庭での指導の参考になります。

▌▌▌ 所見通信を出す

　1週間に1回,2週間に1回でもよいので,子どもたち全員の所見を学級通信に掲載します。

　例えば,「Aくんは,図工の時間,絵の具を忘れてきた隣の人にも自分のパレットを使わせてあげていました。パレットの部屋を自分は三つ,

第6章　教師の研鑽術

隣の人には二つ使わせていたのです。そして、筆は１本。気遣いって、相手が気兼ねしないようにしてあげることだなあって、改めて思いました」というふうに書きます。

　これを、ずっと続けると、子どもたちがまず変化してきます。自分の成長を自覚できるようになるからです。あわせて保護者が変わります。見えない学校の様子が、わかるようになるので、安心しますし、子どもを褒めてくれるようになります。

　そして、なにより教師自身が変われます。その子の成長を、点ではなく線でとらえられるようになってきます。

平成２８年５月７日発行

学級通信「No.1」

● 聖武天皇の授業

　その日、私はいきなり大仏のマスクをかぶって教室に入りました。

　マコトくんは、大げさに驚いて、「ぎゃあ、大仏」と叫びました。

　私は、「よく知ってるね。そうだよ、大仏。これはだれが作ったの？」と言います。

　子どもたちは、「え？」という顔。どうやらわからないようです。

（教師、生徒の発言をいれた学級通信に）

ポイント

・授業記録で、実践を客観化する。
・所見通信で、点での成長を線に。

> 教師の研鑽術⑤

「生徒」をしてみることで新しい発見をする

▮▮▮ ときどき「生徒」をしてみる

　全校朝会の時に、私は、子どもたちの斜め前方、壁際に立っています。
　その位置が、もっとも子どもたちの表情が見えやすいからです。子どもたちが、強く反応する話題はなにで、だれの話かをチェックしたり、よく聞いている子どもを観察したりするためです。
　これは、教室に戻って「子どもをほめる」という次の一手のために必要な行為です。
　しかし、5回に1回くらいは、子どもの列の最後尾に子どもたちと同じように、体育座りで。
　そうすると、子どもがどう感じ、なにを思っているかがわかります。
　例えば、「ああ、最後にもう一つ……」という言葉にイライラする、具体例がないと話というのは理解しづらいなあ、こうした子ども感覚を持つことできます。それが授業に生きるのです。

▮▮▮ 研修会では優等生になってみる

　教員を対象にしたセミナーは、いまや毎週全国各地で実施されています。
　もちろん、こうした会に、毎週出なければならないというわけではありません。しかし、子どもにとって価値ある教師になろうと考える人なら、最低でも3カ月に1回は、参加するとよいでしょう。

第6章　教師の研鑽術

　また，参加するときには，効果的に学ぶ参加の仕方というのがあります。

　それは，優等生になってみるということなのです。

　まず座席は，指定ではない限り早めに会場に行き，最前列中央をとります。そして，1時間に5回は講師と目を合わせ，頷きながら話を聞きます。さらに，休み時間は講師に質問をします。

　そして，講師と名刺を交換しましょう。これで，あなたは強力なメンターをたった一日で手に入れたことになるのです。

ポイント

・「生徒」になって，「子ども感覚」を取り戻す。
・優等生になって，メンターを手に入れよう。

> 教師の研鑽術⑥

仕事に生かせる読書術①
かしこい本の読み方

▌ 本は迷ったら必ず買う！

　私が，本を買うことで気をつけていることは，迷ったら必ず買うということです。

　人との出会いは一期一会といわれますが，本もまったく同じです。

　そのとき本屋で見かけて「気になったんだけど買わなかった」というと，その後その本となかなか出会えなかったりします。

　ネットで気になっていたんだけど買わなかった。つぎに頼もうとしたら，売り切れだった。「取り寄せ」になっていたなんてことは，よくあることです。

　しかも，明後日までに必要だと切羽詰まったときほどそうなるものなのです。

　本は，衝動買いする。迷ったら必ず買うというのが，私のルールです。本は，とにかく必要なときに手元になければ，役立てることはできないのです。

▌ 本は，第1章が面白くなかったら読まない

　本を衝動買いすると，当然ですが当たり外れが出てきます。

　たくさん本を買うと，「当たり」の本に出会うことは多くなります。しかし，やはり途中で，「これは，いま自分には必要ないな」と感じる本も出てきます。

第6章 教師の研鑽術

　そうした本と出会ってしまうのは，先で述べたような衝動買いをしている以上，仕方がないことです。
　さて，こうした「いまの自分には必要のない本」に出会ったときは，ためらうことなく読むことを中止すべきです。
　人は，情緒的な生き物です。
「おもしろくないなあ」と感じた瞬間から，その本からの吸収はストップしてしまうことが多いものです。
　それなのに読み続ければ，お金だけでなく時間までも失ってしまうことになるのです。

面白くないと思った本を読むことは時間のムダ

ポイント
・本は衝動買いする！
・本を見切ることも大切。

> 教師の研鑽術⑦

仕事に生かせる読書術②
目次だけ読み，並行読み

■ ネタ本は目次だけを読む

　本には熟読すべき本と，速読でさっと読んでいく本があります。

　すべての本を熟読することは理想ではありますが，現実的ではありません。

　そこで，思い切ってネタ本はネタ本にあった読み方をします。

　例えば，目次だけを読む。そして，必要なときに，その表題を頼りに探して，役立てる。

　あるいは，各頁の見出しとリードだけを読んでおく。そして，これも必要なときに本文を読むようにする。このような読み方をしてもかまいません。

　もう一つ大切なことがあります。それは，ネタ本は，ちょっとした隙間に何度もちょこちょこ読み返すということです。そうでないと，ネタそのものが頭に記憶されません。ですから，ネタ本は鞄の中，教卓の引き出しなどすぐ手に取れる場所に入れておくことです。

■ TPO に合わせた読書をする

　ある日に私が読んだ（聞いた）本です。

　朝，トイレで，米光一成『男の鳥肌名言集』（角川書店），通勤時，齋藤孝監修『あの声優が読むあの名作』（マガジンハウス），学校の机の引き出しの中，堀裕嗣『国語科授業づくり 10 の原理・100 の言語技術　義

務教育で培う国語学力』(明治図書), 自宅書斎, 中原淳『リフレクティブ・マネジャー 一流はつねに内省する』(光文社新書), 鞄の中, 中村健一著『子どもも先生も思いっきり笑える73のネタ大放出！』(黎明書房), 寝床, 斎藤一人『微差力』(サンマーク出版)。

　もちろん, すべてを読了したわけではありません。

　集中できる場所では堅い本を, 周囲がうるさい場所では, 軟らかい本を。さらに朝はテンションが上がる本を, 夜には心安らかになる本を選ぶようにしています。こうすることで, 専門性を向上させるとともに, 気分もコントロールしています。

ポイント
・ネタ本は, 何度も, ちょっこっと読み返す。
・時間と, 場所で, 読む本を変える。

> 教師の研鑽術⑧

1週間は「5日＋2日」あると考える

▌ 学校の仕事はウィークデーで済ませる

　退勤時刻に学校から出ることは，理想ではあります。

　しかし，若いうちは特にそうすることは難しいものです。決まった業務を済ませるだけでもたいへんな上に，突発的な業務が入ってきます。

　たしかに，突発的な業務が，入ってこないような予防や，そうした業務があったとしても対応できる仕事の進め方は理想です。

　しかし，それが簡単にできるくらいなら，日本中のすべての教師は5時には退勤していることでしょう。

　そこで，まず大切なことは，業務を次の日に積み残さないということです。その日の業務はその日のうちにが大原則です。TODOリストを活用して，時々遅くなってもいいから，仕事を持ち越さないようにしましょう。特に金曜日の仕事を土曜日に持ち越すことをないようにしましょう。

▌ 1週間は「5＋2」と考える

　1週間は，「5日＋2日」と考えましょう。月曜日から金曜日までの「5日間」は，当然業務日です。残りの「2日間」はどう考えるとよいでしょう。

　私の場合は，「土曜日自己研鑽の日」「日曜日休養」と決めています。つまり，土曜日はセミナーを開催したり，原稿を書いたりするようにし

第6章　教師の研鑽術

て，日曜日はできるだけ遊んだり，休んだりするようにしています。

　ただし，これは最近の私の過ごし方で，若い頃は違っていました。

　土曜日，日曜日の両日ともに，各種研修会に参加したり，サークル誌の執筆や編集に時間を割いていました。

　もちろん，私のように研修することをすべての人に押しつけるつもりはありませんが，30歳になるまでは，がむしゃらに学ぶことが，その後の教師としての飛躍を生むと私は考えています。

ポイント

・その日の業務はその日のうちにする。
・30歳まではがむしゃらに学ぶ。

> 教師の研鑽術⑨

校内での研修を充実させる

▌▌▌ 日常の研修こそ大切にする

　私は，教員としての最も重要な研修は，校内での日々の研修だと考えています。

　もちろん，身銭を切って，校外でする研修は私たちに高度で，優れた教育情報をもたらします。しかし，それに毎日出ることは不可能です。まして，校外の研修に懸命になるあまり，校務をないがしろにするなど，本末転倒です。校外での研修は，あくまでも時々する特別な研修，「ごちそう研修」と考えるべきです。

　では，私たちにとっての「定番研修」とは，なにか。それは，勤務校で行う日々のOJT（現任訓練）に他なりません。私の経験上，どの学校にも「その道の達人」という教師がいるものです。「合唱指導の達人」「マット運動の達人」「実験指導の達人」……そうした教師たちの指導を，80％ほどまねすることができれば，あなたは総合力で一番になれるでしょう。

▌▌▌ 見えるモデルを校内に見つける

　教師としての力量は一朝一夕に向上するものではありません。また，「苦しみながら身につけた技術が，本当の力だ」というような主張にも頷けるところがあります。

　しかし，子どもたちは，私たちが一人前になるのを待ってはくれませ

ん。効率的に学び，早く教師としての力をつけるべきです。

　そのために一番よいのは，見えるモデルを持つことです。人間は，見えるものは具現しやすいのです。考えてみてください，漠然と「よい先生になりたいなあ」と思うことが，どれだけ非効率的で，実効性がない目標であるかを。

　そこで，勤務校で「これぞ」と思う先生を目標にしてみましょう。

　それも，ただ目標にするという程度ではなく，まずはすべてをコピーするようなつもりで自己研鑽をしてみましょう。歩き方から，子どもにかける言葉，話し方まですべてをまねしてみましょう。

目標の先生をすべてコピーする

ポイント

・校内の達人に学ぶ。
・校内の達人を完全コピーしよう。

Column 「毎日見せる」で感化力アップ

　教師の行う教育行為の中で，指導よりも一段高いものに感化があります。感化とは教師の考え方や行動によって，自然と子どもの考え方や行動によい変化をもたらすことです。

　教師は意識上にある指導観や指導技術はわりと改善しやすいものです。しかし，子どもから見て感化されてしまう人間としての修養には疎いものです。

　例えば，次のようなことに意識が向いているでしょうか。
・自分のクラスの下駄箱だけではなく，周囲のクラスの靴までそろえる。
・トイレに入ったら，必ずすべての便器を見て，汚れていたら始末する。
・手洗い場も水が飛んでいたら拭く。
・廊下のごみを必ず拾う。
・朝，必ず子どもの机を拭く。
・毎日，放課後には床の汚れているところを磨く。
・だれたTシャツにジャージーなど，だらしのない服装はしない。

　年間の授業日数は200日ほどです。毎日，担任教師のごみを拾う姿を目にした子どもたちは当然何かしらの影響を受けるはずです。逆に，もしも子どもでも気づくごみを教師が拾わないとしたら，200日間「ごみは落ちていても拾わなくてもよい」と丁寧に教えているようなものです。

　ごみを拾う，トイレをきれいにする，靴をそろえる。どれも忙しい時には，ついおろそかになりがちなことです。しかし，200日優れた授業をし続けることは難しくても，ごみを200日間，1個ずつ拾うことはやろうと思えばできることです。

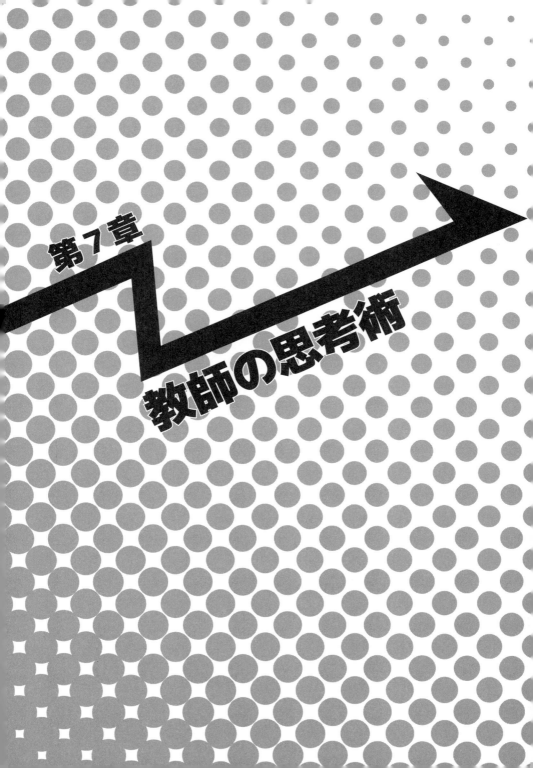

教師の思考術①

積極的な自分をつくる

▊▊ まずは手をつける

　仕事が進まない人は，決してやる気がないわけでも，能力が極端に劣るわけでもありません。

　一つは「どうしたらうまくいくのかなあ」とずっと考えているタイプ。このタイプの人は，あるアイディアを思いつくと，すばやくデメリットを見つけ出して，「やっぱり，これじゃだめだなあ」と結論を出して，二の足を踏んでいます。

　もう一つは，「やらなきゃならないといけないんだよねえ」と言いながらやらない人です。この人は，モチベーションがなかなか上がらないというタイプの人です。

　双方とも解決策は簡単です。それは，とにかく手をつけてみるということです。目に見える形で仕事ができあがってくると，成否がはっきりして，あとは微修正しながら仕事を進めればよいのです。また，そのことがやる気アップにもつながるのです。

▊▊ どうしたらできるかを考える

　人は困難に出くわすと二つのタイプに分かれます。

　一つは，できない理由や原因を並べ立てて，自分と周囲を納得させてしまうというタイプです。

　こうした人たちは，積極的に新しいことには取り組まず，いままで通

第7章 教師の思考術

りを繰り返します。

こういった人たちは,「やらない」という結論が先にありますから,自分や自分の周囲の状況を変えようとはしません。

もう一方は,まず「できる・やる」と結論を決めてしまうタイプの人です。こうした人は,「やる」と先に決めていますから,「やる」ためにはどうすればよいのかを考えます。

どちらが,よいでしょうか。後者だとはっきりしています。特に,こうして社会の変化が激しい現代には,どのように新しい教育を創造するのかが,生き残れる教師の条件となります。

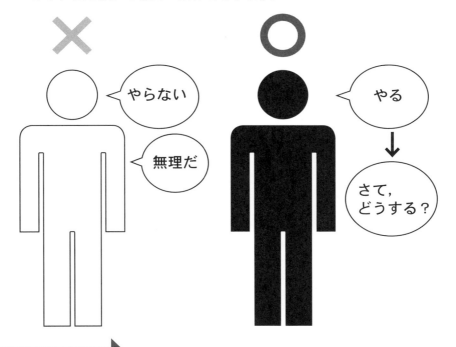

ポイント

・手をつければモチベーションは上がる。
・まず「やる」と決める。

> 教師の思考術②

日常に楽しみをつくる

▌ 本物志向で楽しむ

　日常の生活に楽しみがあると，やはり仕事にもよい影響があるものです。その楽しみは，人によって，コンサートに行く，ミュージカルを鑑賞する，テニスをする，カラオケに行く，絵を描くなど様々でしょう。ですから，その人が最も楽しいと感じられる時間を持てばよいでしょう。

　ただ，私はなにをするにしても，「そこそこのレベル」でするのではなく，本物志向でやるべきだと考えています。

　実は，私も，40歳の時にバンドを組んで，ライブをするということを経験しました。

　こういうときに，「練習して，人前で演奏できるような腕になってから……」などと考えてはいけないのです。どうせならすぐやってしまう。そうすれば，多くのことは実現可能なのです。その「夢」が現実になる快感が，本業にもプラスになるのです。

▌ 違う職業の人になってみる

　理・美容室に行くと，多くの場合「お仕事，なにをされているんですか」と聞かれます。

　そのときに，違う職業の人になってみます。

　例えば，「タクシーの運転手をしています」と答えてみます。そうすると，「勤務明けですか」「タクシーの運転手さんって，腰とかつらいら

第7章　教師の思考術

しいですね」とさらに尋ねられます。それらの質問に，本当にタクシーの運転手さんになったつもりで答えていきます。

　これは，つまらない遊びのようですが，意外と気分転換になるものです。

　また，ほかの職業の人の苦労を自分事として，理解できるという不思議さもあります。タクシーの運転手さんを保護者に持つ子どもと，「お父さん，夏場はクーラーで体が痛いって言ってないかい？」とリアルな会話をするもとにもなります。

どうせやるならすぐやる！　それも，本物志向で！

ポイント

・「夢」を現実にする快感を得る。
・「なってみる」ことで，その人の気持ちに近づく。

> 教師の思考術③

落ち込んだときの切り替え術

┃┃┃ 精神的メンターを持つ

　「この人と話をすると気分が落ち着く」という人が，あなたにもいるでしょう。

　私にも，そういう人がいます。心の中では迷惑だろうなあと思っているのですが，苦しいときには思わずその人に電話をしてしまいます。

　しかし，やはり気をつけなければならないことはあって，長い時間拘束しないこと，できるだけ精神的にギリギリの時だけに，連絡をする。旅行をした時には，きちんとお土産を渡したりもします。また，相手から相談されたときには，親身になって話を聞くようにします。

　どんなに強く見える人でも，人間は一人では生きていけません。一方的なメンターではなく，お互いにとって優れたメンターになれるのが理想的だと言えます。

┃┃┃ 落ち込んだら，落ち込んでいることを書き出す

　私のような人間でも，ときおり相談を受けることがあります。多くの場合，そうしたとき，相手は精神的にかなり追い込まれていることが多いです。

　私は，話を聞いたあと，次のように言います。

　「困っていることを，すべて紙に書き出して。書き出したら，もう一度電話をちょうだい」

第7章　教師の思考術

　しばらくすると電話がかかってきます。
　このときには，多くの場合，声は明るくなっています。
「いくつあった？」「それが先生，2個なんです」
　精神的に追い込まれてしまうのは，実は漠然とした不安によるのです。それが見えれば，人は落ち着くものなのです。
　そして最後に，「じゃあ，その二つにそれぞれ自分が，いまやれることを書き出してごらん。それを明日からするんだよ」と言います。

ポイント
・お互いにとっての優れたメンターになることが理想。
・書き出して，漠然とした不安を数量化する。

教師の思考術④

モチベーションは自分で上げる①

好きな○○を三つ揃える

　こうして原稿を書いているとき，私はモチベーションを上げるために，好きな三つのものをそろえるようにしています。

　それは，「好きな音楽」「一人の空間」「コーヒー」です。

　これが，仕事を進める私の三種の神器です。

　こうしたことを，自分で自覚するのは，仕事をする上での強みになります。仕事をする際にはモチベーション上げることが，最も重要なことなのです。そして，それは意外とたいしたことではないことで，高まったり低くなったりするのです。

　もちろん，三つのものをそろえれば，いつでも仕事が進むわけではありません。しかし，三つが揃えば少なくても気分がよくなることは間違いがありません。これだけでも，いきいきと生活するという意味で価値があることです。

やる気スイッチをつくる

　どうしたら気分よく仕事をし，生活できるのか。通常，私たちは，周囲の状況によって，気分をよくしたり悪くしたりしています。

　しかし，これでは，いつまでたっても安定した気分で仕事することはできません。簡単に言ってしまえば周囲任せだからです。

　ちょっと気になることを，同僚に言われたら弱気になり，思い通りに

第7章　教師の思考術

ならないことが起きれればイライラとする。これではいけません。
　自分の気分は自分でつくれるようになれるとよいでしょう。
　どんなことで，あなたのやる気スイッチは入りますか。
　私は，なにかあると，自分へのご褒美としてブランドネクタイを買うようにしています。このネクタイをしめると，それだけでウキウキし，堂々と人前に立つことができるのです。ネクタイは，トイレに行くたびに，鏡に映るので，そのたびにスイッチを入れることができます。

アイテムでスイッチを入れる

ポイント

・能力UPの三種の神器を決める。
・やる気スイッチがオンになるアイテムを身につける。

教師の思考術⑤

モチベーションは自分で上げる②

ありがとうと言ってもらえそうなことを三つする

　好きなことを好きなようにしているとき。

　自分のやりたい仕事をしているとき。

　そんなときにだけ，モチベーションが上がると思っているかもしれません。

　しかし，そうしたモチベーションには限界があります。それは，結局のところ自己満足だからです。自己満足は，長続きしないのです。

　では，どんなときに人は強い喜びを感じ，モチベーションが長続きするのでしょうか。

　それは，自分が世の中の役に立ったと思えるとき，実はもっともモチベーションが上がるのです。しかも，そうしたときのモチベーションは，人間の意欲の中で最も質の高いものと言ってよいでしょう。

　今日一日，ありがとうと言ってもらえそうなことを三つしましょう。

心のライバルを決める

　漠然と，「よい先生になりたいなあ」と考えて，力量を伸ばすことはそう簡単ではありません。なぜなら，その「力量を伸ばす」というときの「力量」や「質」がはっきりしないからです。

　そこで，心の中のライバルを１人決めることにします。もちろん，「勝ってやる」という気持ちをむき出しにする必要はありません。心の

第 7 章　教師の思考術

中で,「この先生より上に行く」と思えばよいだけのことです。

　例えば,廊下に掲示されている習字作品を見て歩き,「この先生！」とライバルを決めてみます。

　そうしたら,その先生にたっぷりと具体的に,1時間の指導を尋ねてみます。そのときは,実に初歩的なことから尋ねます。硯とお手本の置き方のようなことからでよいのです。そうして,次に,授業を1時間見せてもらうようにします。そして,最後はお礼申し上げながら,子どもの作品に評をもらうようにします。

ポイント

・人を喜ばせることが,最高のモチベーションになる。
・ライバルから徹底的に学ぶ。

> 教師の思考術⑥

モチベーションは自分で上げる③

▍厳しい条件は，自分から迎え撃つ

　あるとき，大きく崩れてしまった学級がありました。担任の先生は，複数の先生方の援助を受けながら，1年間をなんとか乗り越えました。

　しかし，やはり，次の年は担任を交代しなければいけないだろうという予測が立ちました。

　私は，早い時期に，校長に「もしも，来年，あのクラスの担任を希望する方がいなければ，僭越ですが私にお任せください」と申し上げておきました。

　もちろん，これを言っても言わなくても，担任を持つことには違いはないのかもしれません。しかし，モチベーションが違うのです。「自分から持った」というのは，ある種退路を断つ発言です。手を抜くことはできないのです。そうして，覚悟を決めて，自分の仕事を高めていくということが有効な場合もあります。

▍自分に能力があるから任せられる

　難しい仕事，誰も嫌がってやらない仕事というのが，自分のところに回ってくることがあります。

　そういう仕事を言いつけられたら，喜んで引き受けましょう。

　その依頼者は，多くの場合，嫌がらせであなたに依頼したのではないのです。

第7章　教師の思考術

「あなたなら，引き受けてくれるはずだ」という思いで声をかけたに違いありません。

　こうした依頼は，あなたがその学校で，評価され，頼りにされているという証左なのです。

　難しい仕事，汚い仕事，誰もやりたくない仕事，そうした仕事が自分に回ってきたときこそ，そのことを「試されごと」と考えて，笑顔で，「ありがとうございます！」と引き受けましょう。

　あなたの評価は，またグンと上がるはずです。

困難な仕事は進んで引き受ける

ポイント

・退路を断って，自分を伸ばす。
・誰もやりたくない仕事を，笑顔で引き受ける。

> 教師の思考術⑦

失敗したときこそ，チャンスに変える！

■ 失敗は，活かす！

　若い頃の失敗は宝です。私には，たくさんの教師としての失敗があります。

　それらの経験は，たしかに苦いものです。しかし，苦いからこそ二度と繰り返してはいけないと思っています。

　では，この苦い経験がいまの私にとっても，まだネガティブな経験のままかと言えば，そうではありません。

　苦い経験が，私の教師としての危機予測能力を高めることになっています。

　また，その経験を若い先生方に話す場合には，共感を持って受け入れられます。

　そして，なにより教室で子どもに話すと，子どもをほっとさせるネタになるのです。教師の失敗話は，子どもとの距離を縮めてくれます。

■ 修了式の日に評価をすればいいと考える

　学級担任をしていると，「いい日もあれば，悪い日もある」と身にしみて思います。子どもたちの成長が嬉しくて，涙さえ流れる日もあれば，子どもへの対応に失敗して，解決しないまま家に帰してしまうという，悔しい思いをする日もあります。

　そんな日は，なかなか寝付けないものです。教師をしていれば，そう

第7章　教師の思考術

した日が，年に数回あっても不思議ではないのです。

　その失敗をどう自分の中で処理するかが，むしろ問題だと思います。

　何度か学級担任をしていると，あの失敗があったから，こうして充実した気持ちで修了式を迎えられるのだと思うことが少なくないのです。

　最後の，最後によい学級になっていればよいのです。評価は，修了式にすればよいのです。

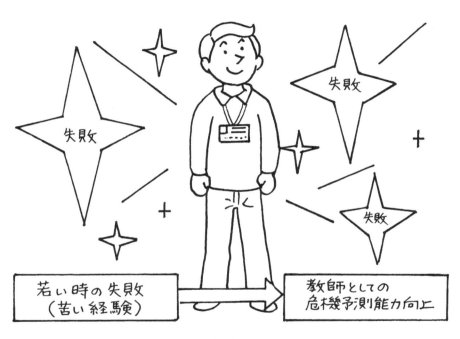

失敗は宝

ポイント

・失敗したらネタが増えたと思う。

・失敗があるからこそ，喜べる。

教師の思考術⑧

「そもそも思考」でいこう

▌ 目標の前に目的を考える

　ある若手の先生から，学芸会の発表内容についての相談を受けたことがあります。

　その相談内容とは，「合唱の曲はこれでよいですか」という内容でした。

　そこで，私は質問を大きく言うと二つしました。

　一つは「そもそも学芸会はなんのためにするの」，もう一つは「そもそも学芸会を通して子どもたちを，どんな子どもたちにしたいの」ということでした。

　その先生は，私の質問を重く受け止めました。夏休みに，学芸会の目的と，いまの子どもたちの実態を，１学期から振り返って，ノートにびっしりと書き込みました。

　そして，きらきらした目で「なにをしたらよいのかが，はっきりしました」と言いました。

▌ すべては，目的の下にある

　なんのために，学芸会をするのかがはっきりすると，なにを歌わせたらよいのかがはっきりしてきます。

　また，目的が明確になれば，教師集団はどのようなトーンで指導し，どのような方法で学習を進めていくのかもはっきりとしてきます。

第7章　教師の思考術

　つまり，すべては目的の下にあるのです。
　ところが，ふだんの私たちはどうでしょう。「この筆算どう教えようかな？」「この絵の指導って，どうやってしようかな」……と「仕方」ばかりに悩んでいます。
　しかし，本当は，なんのために，何を目標に教えるのかがはっきりしてくれば，どう教えるか，自ずと見えてくるものなのです。
　また，指導の目的が明確になっていれば，子どもの学ぶ姿が，指導計画の通りでなくても，適切に指導を修正できるのです。

ポイント

- 「そもそも思考」をしよう。
- 目的と目標がわかれば，ぶれない。

> 教師の思考術⑨

自分を伸ばす①（仕事論）

▍「したいこと」をするために「しなくちゃならないこと」をする

　実際のところ，仕事には「したい仕事」と「したくない仕事」があります。

　当然ですが，「したくない仕事」は「しなくてもよい仕事」ではありません。

　そこで，私は仕事の順番を工夫することにしています。

　例えば，私は道徳の授業を開発するのが大好きです。道徳の授業のねらいを達成するために，教材を探すのなら何時間していても，苦にはなりません。

　ですから，それを今日のもっとも最後にする仕事にします。

　それに合わせて，一番最初にする仕事は，もっともやりたくない仕事。そして，その次にやりたくない仕事，と組み立てていきます。

　こうすると，「ようし，これがおわったら……」とモチベーションが上がるのです。

▍「できること」ではなく，「できそうなこと」に取り組む

　自分の能力を上げるには，いま「できる」仕事にだけ取り組むのではなく，「できそうな」仕事にも取り組み続けることです。

　しかし，これはなかなか難しいことです。

第7章　教師の思考術

　人間は一度うまくいったノウハウやスキルをなかなか手放せないものですし，苦労して身につけたノウハウやスキルであればあるほど，愛着もあるからです。

　そこで，二つのことを心に決めます。

　年度初めに，必ず一つ年間を通して取り組む「新しいこと」を決める。例えば，「学級通信を毎日発行する」「自作算数プリントを毎日つくる」というようにです。

　さらにもう一つは，他人からの頼まれごとを断らないことです。人から頼まれることは，あなたが無理だと感じていても，依頼者から見れば，「できそうなこと」のはずですから。

頼まれごとは，できそうなことを

ポイント

・一番したい仕事は，一番最後に。
・頼まれごとは断らない。

教師の思考術⑩

自分を伸ばす②（上達論）

▮▮▮ 弱いリーダーは，悪いリーダーよりまだ悪い

　教師は，指導者とも呼ばれることがあるように，学級ではリーダーなのです。

　子どもに尋ねられたり，子ども間でトラブルがあったりした場合，必ず判断しなくてはいけない場面があります。

　私は，若い頃，トラブルがあったときに，子どもたちに「相談しなさい」とだけ言って，学級がぐちゃぐちゃになったことがあります。

　もちろん，子どもたちに話し合わせて，トラブルが解決できるのならよいのです。しかし，実際にはそうではありませんでした。

　子どもは，未熟だから学校に来て，教科や生活について学ぶのです。

　話し合わせる前に，なにが正しいのかを教師が示すべきなのです。

　また，子どもたちは，自分たちでどうにもならない場合，判断できる強い教師を望むものなのです。その時は，きっぱりと判断し，きっちりと理由を説明できる教師になりたいものです。

▮▮▮ 自分らしい教師になればいい

　「隣の学級はあんなに落ち着いているのに，自分は……」

　教師としての情熱があり，使命感が強い人ほど，こうしたことを感じてしまうものです。ですから，私は「落ち込む教師ほど，伸びる教師」とさえ思っています。

第7章　教師の思考術

　しかし，本人にとってみれば，これはなかなか苦しいことです。特に，同世代の教師のよい実践を見れば，焦るものです。
　そして，自分のキャラクターやタイプも省みず，がむしゃらに「名人教師」「カリスマ教師」を目指してしまうものです。
　もちろん，ある時期，それも教師修行として無駄ではありません。しかし，実際には，力量が簡単に上がるわけはないのです。
　それで，なおさら苦しんでしまう……。そこで，こう考えてみましょう。「教師には３タイプある。よい教師と悪い教師と，そして自分らしい教師である」と。

自分らしい教師になろう

ポイント

・「教師には３タイプある。よい教師と悪い教師と，そして自分らしい教師である」

> 教師の思考術⑪

実行と実効で仕事を変える

▌▌ 思考実験じゃなく実行実験に

　単元テストの平均点が上がらない，子どもたちの休み時間のトラブルが絶えない……教師の仕事は悩みの宝庫です。そうした悩みや，私たちが直面する課題を解決するには，まず実行することが大事です。

　悩みやトラブルを抱えると，教師は真面目なので，ずっと長く考えていることが多いのです。この方法ではどうかな？　いや，こういう問題が起きそうだ」というように長い時間考えているのです。

　これは，まったく時間の無駄です。

　それよりも，まず一つのことを「やる」と決めてしまうことです。

　例えば，学力が気になったら，授業はじめの5分間に習熟タイムを取り入れてみる。子どものトラブルが気になったら，教師が一緒に遊んでみる，のようにです。

　具体的な一つの行動をするとき，具体的な改善点が見えてくるのです。頭の中で考えても，塵一つ動かすことはできないのです。

▌▌ 理念ではなく実効性で評価する

　教育の世界には，理念と理想が溢れています。

　「算数の指導は○○であるべきだ」

　「生徒指導とは□□であるべきだ」

　たしかに，理念を先行させて，それを具現する営みは尊いと考えます。

第 7 章　教師の思考術

しかし，一方で，その理念が教師の仕事を不自由にしているときもあります。

実際には，効果のない形骸化された指導手続きを踏まないといけない場合などがそうです。特にそれは教科指導において強く反映されています。

課題提示は〇〇であるべき，自力解決は〇〇であるべき，実験方法は〇〇であるべき，など。しかし，テストをしてみたら，子どもたちはさっぱり理解していなかったというのは，よくある話です。

教師の仕事は，あくまで子どもの成長によって測られるべきです。

考える前に跳ぶ！

ポイント

・改善＝一つの実行＋微修正。
・子どもの成長で自分の仕事を評価する。

著者紹介
山田洋一

1969年北海道札幌市生まれ。北海道教育大学旭川校卒業。2年間の幼稚園勤務の後，公立小学校の教員となる。自ら教育研修サークル「北の教育文化フェスティバル」を主宰し，柔軟な発想と，多彩な企画力による活発な活動が注目を集めている。
ホームページ　http://yarman.server-shared.com/

主な著書

『学級経営力・中学年学級担任の責任』（共編著，明治図書出版）
『発問・説明・指示を超える対話術』，『発問・説明・指示を超える技術タイプ別上達法』，『発問・説明・指示を超える説明のルール』（以上，さくら社）
『教師に元気を贈る56の言葉』，『子どもとつながる教師・子どもをつなげる教師　好かれる教師のワザ＆コツ53』『気づいたら「うまくいっている！」目からウロコの学級経営』『誰でもできる白熱する「対話」指導53』（以上，黎明書房）
『山田洋一──エピソードで語る教師力の極意』，『小学校初任者研修プログラム 教師力を育てるトレーニング講座30』（以上，明治図書出版）
『必ず知っておきたい！若い教師のための職員室ルール』（共編著，学陽書房）

イラスト・伊東美貴

気づいたら「忙しい」と言わなくなる教師のまるごと仕事術

2016年9月25日　初版発行	著　者	山　田　洋　一
2020年7月20日　6刷発行	発行者	武　馬　久仁裕
	印　刷	株式会社太洋社
	製　本	株式会社太洋社

発　行　所　　株式会社　黎　明　書　房

〒460-0002　名古屋市中区丸の内3-6-27　EBSビル
☎052-962-3045　FAX 052-951-9065　振替・00880-1-59001
〒101-0047　東京連絡所・千代田区内神田1-4-9　松苗ビル4階　☎03-3268-3470

落丁本・乱丁本はお取替します。　ISBN978-4-654-01936-6
Ⓒ Y.Yamada, 2016, Printed in Japan

山田洋一著　　　　　　　　　　　　　　　Ａ５・125頁　1800円
子どもとつながる教師・子どもをつなげる教師
好かれる教師のワザ＆コツ53
　　授業や放課，行事など，さまざまな場面で教師と子どもの絆を深めることができる53の実践をイラストとともに紹介。誰でもすぐ出来ます。

山田洋一著　　　　　　　　　　　　　　　四六・140頁　1500円
教師に元気を贈る56の言葉
　　日々の困難・苦労を乗り越えるために現場教師が作った教師のための56の格言。「各格言のエピソードがいい，元気になる」と大反響。くじけそうになったときに開いてください。きっとあなたを支える言葉が見つかります。

多賀一郎著　　　　　　　　　　　　　　　Ａ５・130頁　1800円
多賀一郎の荒れない教室の作り方
「5年生11月問題」を乗り越える
　　学級の荒れのピークである「5年生11月」に焦点を当て，5年生の荒れを考察する中で，全ての学年に通ずる「荒れ」に対する手立てや予防法，考え方を紹介。

多賀一郎・堀　裕嗣著　　　　　　　　　　Ａ５・167頁　2200円
教師のための力量形成の深層
　　教師人生を，勘違いに陥りやすい20代，分岐点となる30代，人間形成の40代，自分の力をどう使うか考える50代と位置づけ，教師の力量形成を考察。読書，手帳による力量形成にも言及。

中村健一著　　　　　　　　　　　　　　　Ｂ６・94頁　1200円
子どもも先生も思いっきり笑える73のネタ大放出！
　　教師のための携帯ブックス①　「笑い」で子どもたちの心をつかみ，子どもたちが安心して自分の力を発揮できる教室づくりの，楽しい73のネタを紹介。この本を片手に，楽しい笑いの絶えない教室をつくりましょう。

友田　真著　　　　　　　　　　　　　　　Ａ５・134頁　1800円
子どもたちの心・行動が「揃う」学級づくり
　　子どもたちの心と行動が「揃う」と学級が一つにまとまります。3つの「揃う」（物などの置き方が「揃う」／学級の○○ができるレベルが「揃う」／他）にこだわった指導と，授業を行いながら学級づくりも意識した指導法を詳述。

加藤幸次著　　　　　　　　　　　　　　　Ａ５・155頁　2100円
アクティブ・ラーニングの考え方・進め方
キー・コンピテンシーを育てる多様な授業
　　次期学習指導要領のベースと言われる「知識を使いこなし，創造する資質・能力（キー・コンピテンシー）」の育成について10の授業モデルを提示し詳述。

＊表示価格は本体価格です。別途消費税がかかります。
■ホームページでは，新刊案内など小社刊行物の詳細な情報を提供しております。「総合目録」もダウンロードできます。　http://www.reimei-shobo.com/